van Treeck | Dummheit

Werner van Treeck
Dummheit

Eine unendliche Geschichte

Mit vier Abbildungen

Reclam

Dank
an Christel Eckart für Kritik und Diskussion,
an Bettina Gransow für sinologische Hinweise,
an Guni Gransow für die Überprüfung einiger Übersetzungen,
an Kaspar van Treeck für geduldige Hilfe beim Abschluss der Arbeit

Auch als E-Book erhältlich

www.reclam.de

MIX
Papier aus verantwor-
tungsvollen Quellen
FSC
www.fsc.org   FSC® C125418

Inhalt

Einleitung

Quand on court après l'esprit, on attrape la sottise.
(Montesquieu, *Pensées*)

Dummheit? Die Stirn wirft Falten, die Augenbrauen schnellen in die Höhe, die Mundwinkel zucken, verlegen verliert sich der Blick ins Leere – wer sagen soll, was Dummheit ist, erweckt leicht den Eindruck, längst in ihre Fänge geraten zu sein. Versuchen wir es mit einem Paradox: »Es gibt so viele verschiedene Arten von Dummheit, und die Gescheitheit ist nicht die beste davon«, bemerkt Hans Castorp zu Settembrini im *Zauberberg* von Thomas Mann. Wie soll einer, der in der Dummheit eine Herausforderung sieht, sich ihr nähern, wenn nicht einmal Gescheitheit vor ihr sicher ist? Über sie zu reden ist nicht einfach, nicht nur, weil sie sich entzieht, je mehr sie in aller Munde ist. Sie ist überdies schambesetzt, ist etwas, das es zu beseitigen gilt, besser noch: zu vermeiden. Sie ist ein Mangel, an dem selbst doch kein Mangel ist, weder der Sache, noch der Benennung nach.

Der Tatbestand einer Armut verlockt zu einem unerschöpflichen Reichtum an Phantasie, den Tatbestand in Worte zu fassen. Eine Arbeit über »Die Ausdrücke zur Bezeichnung der Dummheit im Französischen« (Heins 1957) versammelt mehr als 1500 einfache Wörter, Zusammensetzungen, Vergleiche, Metaphern, Redensarten, Schallwörter, Schimpfwörter, Namen. Apropos Namen: »Jede Nation hat Namen, die, ich weiß nicht warum, abschätzig klingen: bei uns etwa Jean, Guillaume, Benoît«, schreibt Michel de Montaigne (*Essais*, Bd. I, 46).

Im Deutschen können wir entsprechend Hans und Liese, den (dummen) August und die (kluge) Else aufrufen und den Vergleich mit Tieren gleich hinzufügen: Esel und Affe, Schaf(skopf) und Rind(vieh) samt Unterarten.

Im Englischen sieht es nicht viel anders aus. Paul Tabori beginnt seine *Natural Science of Stupidity* (1962) so:

»This is a book about stupidity, doltishness, muddleheadedness, incapacity, hebetude, vacuity, shortsightedness, fatuity, idiocy, folly, giddiness, desipience. It deals with the addle-coves, the witless, the weakheaded, short-witted, half-baked, shallow-pated; the vacuous, callow, anile; the lackbrained, muddy-headed, crackbrained, unballasted, balmy, and besotted. It intends to present a portrait gallery of the tomfools, simpletons, ninnies, boobies, noodles, numskulls, noddies, goosecaps, zanies, dunces, dullards, numps, loobies, and rantipoles of yesterday and today. It will depict and analyze actions that are irrational, footling, nonsensical, silly, ill-devised, feeble-minded, imbecilic – and all the rest.«

Über ein Jahrhundert früher hat Karl Julius Weber in seinem *Demokritos* (1832–35) eine ähnliche Liste für die deutsche Narrheit zusammengestellt (»nur der Ausdrücke für Trunkenheit möchten noch mehrere sein«):

»Man ist eigen, hat Eigenheiten, man ist sonderbar, wunderlich, exaltiert, excentrisch, Hasenfuß, Haspel, Zipfel, Querkopf. Der Mann ist mit der Pelzkappe geschossen; hat einen Schuß, Sparren; es fehlt ihm; es ist nicht richtig; spukt; rappelt; er ist nicht recht gebacken; es fehlt im Oberstübchen oder unterm Hute; er ist gepickt, gespritzt, verschraubt, nicht wohl bei Troste oder letz, wie es in Schwaben heißt. Er ist auseinander, hinweg, aus dem Geschirr, aus dem Häuschen, überworfen, übergeschnappt, überhirnig, hinterdenkisch; Schwärmer, Phantast, Visionär; schwermüthig, trübsinnig, verkehrt, verrückt, unsinnig, aberwitzig, wahnwitzig; ein Narr, ein Toller, ein Rasender.« (12. Band, X. Stück)

Ebenso unabschließbar wie die Listen sinnverwandter Wörter sind die Listen über das, was als Dummheit gilt, entsprechend den Lasterkatalogen im Kontrast zu den Tugendkatalogen, die seit der Antike aufgestellt worden sind. Das Wort selbst hat viele, im Laufe der Geschichte sich verschiebende Bedeutungsnuancen, und nicht alle werden heute umstandslos der Dummheit zugerechnet. Das Grimm'sche Wörterbuch verzeichnet unter dem Lemma »dumm« auch »dunkel«, »stumm« und »taub«. Letztere beziehen ihren Sinn über die Sprechunfähigkeit und die Gehörlosigkeit als Barrieren gegen die Außenwelt. (Herder:

»Der Taube mag unendlich feiner sehen und unterscheiden; für die Gesellschaft ist er immer dumm ...«, 1785; 1967, 239.) Taub hält die Verbindung mit der Dummheit über die metaphorische Verwendung der tauben (also hohlen) Nuss und über die niederdeutsche Entsprechung zum hochdeutschen »taub«: »doof«. Die Bedeutung »dumm« als »dunkel« teilt das Deutsche mit anderen Sprachen (unter anderem mit dem Altchinesischen, vgl. Schwermann 2011, 38 ff., 98 ff.) im Rahmen einer Licht-Dunkel-Metaphorik zur Bezeichnung von Geisteszuständen. Dabei steht »dunkel« für »unwissend, verwirrt, geistig verfinstert«. Das »dumme Salz« (Luther: »Thum saltz heist das das die zeene und scherffe verloren hat und nicht mehr würtzet noch beisset ...«, 1532; 1906, 345) entfernt sich aus dem Bedeutungshorizont der Dummheit, und erst sein metaphorischer Gebrauch als Salz der Weisheit, das dumm geworden ist, also seine Kraft verloren hat, holt es dorthin zurück.

Dummheit spottet also jeder Beschreibung. Unbeschränkt in ihren Beschränktheiten und unbesiegt in ihren Niederlagen strotzt sie vor schier unglaublicher Verwandlungskraft. Hier allgemeingültige, überhistorische Eindeutigkeiten zu erwarten, wäre vergeblich, sie zu suchen, abwegig. Überdies hat sie in den jeweiligen Verwendungskonstellationen einen diffus verschwimmenden Bedeutungshof. Dies kann ein von Harri Meier angeregtes Bild semantischer Nachbarschaften und Überschneidungen des gegenwärtigen Wortgebrauchs von dumm verdeutlichen (vgl. 1972, 10 ff.; vgl. Abb. S. 10).

Zu allen Zeiten freilich haben sich die Menschen mit Dummheit, ihren Erscheinungen und Bestimmungen in den verschiedensten literarischen Formen auseinandergesetzt, auseinandersetzen müssen. Als ein Anderes der Vernunft hat sie ihnen keine Ruhe gelassen. Überall dort, wo Vernunft sich aus dem Chaos befreit und ihre Ordnungen schafft, bleibt sie verunsichert durch das, was außerhalb dieser Ordnungen haust; das eroberte Terrain kann wieder verloren werden, wenn es sich als entwicklungsresistent und schwach gesichert erweist. Dummheit zeigt ein Nicht-fertig-Werden mit sich und der Welt an. Etwas als dumm zu bezeichnen ist dabei zunächst vorkritisch, eine Geste der Abwehr, ein Versiegen der Sprache, ist der Ver-

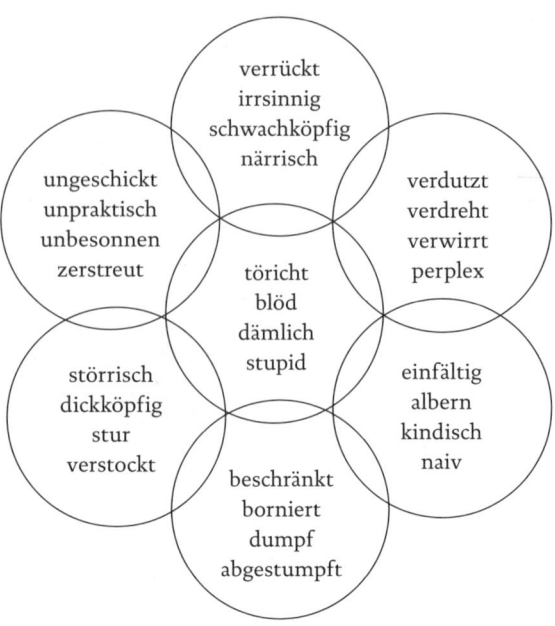

verrückt
irrsinnig
schwachköpfig
närrisch

ungeschickt
unpraktisch
unbesonnen
zerstreut

verdutzt
verdreht
verwirrt
perplex

töricht
blöd
dämlich
stupid

störrisch
dickköpfig
stur
verstockt

einfältig
albern
kindisch
naiv

beschränkt
borniert
dumpf
abgestumpft

such, eine Grenze zu markieren, jenseits derer nichts Sinnvolles mehr zu erwarten ist. Im besten Fall setzen danach Begründungen ein.

Und immer wieder wurden Versuche gemacht, Dummheit in die Arbeit der Vernunft hineinzunehmen, in die Vielfalt Unterscheidungen einzutragen, Mischungen (wie bornierte Intelligenz), Maskierungen (wie Sich-dumm-Stellen), Manipulationen (wie Verdummung) nachzugehen. Sich dumm zu stellen kann eine Überlebensstrategie, eine wissenschaftliche Haltung oder eine Kommunikations-Verweigerung sein. Verdummung gilt als selbstverschuldetes Verdämmern in Unmündigkeit oder als ausgeklügelte Strategie selbsternannter Vormünder – oder als beides zugleich. Gelegentlich, wenn Vernunft sich nicht zu entfalten vermag, wenn sie sich gleichsam zur Last fällt oder ihr langweilig vor sich selbst wird, flüchtet sie in das, dem sie entkommen will – und eröffnet ein weites Feld zwischen sinnfreiem Blödeln und poetischem Unsinn. Der Vorwurf der Dummheit distanziert, fordert heraus. In der Irritation darüber steckt Streitpotential: Dummheit gehört zum Arsenal der Kampfwörter: »Dummköpfe (»Imbéciles«): Denken anders als man selbst«, pointiert Gustave Flaubert im *Wörterbuch der Gemeinplätze.* Der Facetten-Reichtum des Dummheits-Diskurses motiviert dazu, eine Geschichte des Nachdenkens darüber zu entwerfen.

I Dummheit als Schmerzerfahrung und Selbstüberhebung

In der vierten und fünften Episode des von dem Ethnologen Paul Radin dokumentierten Trickster-/Schelmen-Mythos der Winnebago-Indianer lockt der Schelm einen Büffel in eine Falle, tötet ihn und zieht ihm das Fell ab. Dabei geraten seine Hände in Streit miteinander: Beide beanspruchen den Büffel für sich. Die rechte messerführende Hand droht der linken, sie bei weiteren Übergriffen in Stücke zu schneiden. Aus dem Zank wird ein blutiger Kampf, der dem Schelm bewusst macht, dass er ihn mit sich selbst führt: »Ach, ach, warum habe ich das getan? Warum habe ich das nur getan? Ich habe mir selbst Schmerz zugefügt« (1954, 18 f.). In der Klage über die wie selbständige fremde Körper gegeneinander agierenden Hände und den dadurch sich selbst zugefügten Schmerz wird der Schelm auf das Problem aufmerksam, Handlungsabsichten und Körperfunktionen abzustimmen, sich als leibliche Einheit zu reproduzieren.

Der Trickster/Schelm[1] ist ein Lebewesen mit phantastischen Körperteilen und Verwandlungsfähigkeiten, mit der Sprache der Pflanzen und Tiere vertraut, alterslos, zumeist auf zielloser Wanderschaft, immer hungrig und sexuell hemmungslos, naiv gewalttätig im Umgang mit der Natur (der eigenen wie der äußeren), in Szenen von burlesker Komik und drastischer Grausamkeit. Die Schwierigkeiten in der Organisation des Körpers, die Fehlwahrnehmungen, das Versagen der Kräfte, ihre überflüssige Verausgabung, die Erfahrungen des Scheiterns und des

---

1 »Schelm« bedeutet dem Grimm'schen Wörterbuch zufolge ursprünglich Aas, toter Körper, Kadaver; auch eine ansteckende Krankheit, eine Seuche wie die Pest. Daraus hat sich Schelm als Bezeichnung für einen moralisch verworfenen Menschen, Betrüger, Verführer, Verräter entwickelt, auch für sog. unehrliche Berufe wie Scharfrichter oder Schinder. Gelegentlich wird der Teufel »Schelm« genannt. Seit dem 17. Jahrhundert verblasst dieser heftige Bedeutungszusammenhang ins Harmlos-Durchtriebene und Neckisch-Kosende.

Schmerzes, schreibt er sich als Dummheiten zu (bzw. bestätigt sie als Fremdzuschreibungen).

Umgekehrt macht er sich die Dummheiten anderer zunutze. Dem Schmerz der einen korrespondiert das Gelächter der anderen. Trickster als monströses, zwittriges Mischwesen legt im Laufe der Erzählungen das Unförmige und Uneindeutige mehr und mehr ab, verliert nach und nach, was die Vorstellungen von Ordnung und Maß über- oder unterschreitet, und erinnert sich schließlich, »wozu er von Erdmacher auf diese Welt gesandt worden war« (1954, 88): für die Menschen nützliche Dinge herzustellen und hinderliche aus dem Weg zu räumen. Letzteres, die kulturschaffenden Leistungen Tricksters, um die Erde für die Menschen bewohnbar zu machen, hält Radin für »spätere Einschiebungen«, und auch seine Göttlichkeit für eine »nachträgliche Konstruktion« eines Denker-Priesters. Trickster wurde entweder den Gottheiten gleichgesetzt oder – obgleich göttlichen Ursprungs – aus der Götterwelt verbannt, weil er als Narr Spott auf sich zog und über andere Götter Schande brachte (ebd., 136 ff.).

Gehört er zu den »parodierenden Göttern«, wie Roger Caillois (mit Hinweis auf Mythen und Rituale der Navajo und Zuni) die Götter genannt hat, die jede Ordnung stören und durcheinanderbringen? Teil der Mythologie sei der göttliche Narr, der seit der Erschaffung der Welt durch seine verfehlten Imitationen der Gesten der Weltschöpfer deren Absichten durchkreuzt und dem Schöpfungswerk einen Todeskeim einpflanzt (o. J., 157). Die Mächte der Unordnung lassen sich nicht aus der Welt ausschließen, man muss sich in ein lebbares Verhältnis zu ihnen setzen. Zwischen den Menschen- und Geister-Welten vermitteln Ritualspezialisten, die, mit Grenzüberschreitungen vertraut, Schutz und Versöhnung besorgen sollen. Als »Meister der Unordnung« (so Bertrand Hell 1999), sind sie parodierende Begleiter, die die gültigen Normen verletzen, ins Groteske, Obszöne oder Blasphemische verzerren, und eben dadurch das Andere der Ordnung, ihre Instabilitäten und Gefährdungen beschwören. In ihnen tritt das Verbotene und Verdrängte hervor, um Verbot und Verdrängung zu bestätigen.

Der Trickster/Schelm ist ein Grenzgänger zwischen Göttlichem und Menschlichem, Diesseits und Jenseits, Natur und

Gesellschaft. Er repräsentiert das Unbeherrschte und Undurch-schaute, Mehrdeutige und Trügerische, aus dem er sich zugleich herausarbeitet. Mit der Anerkennung der Macht grenzenloser Unordnung bestätigt der Mythos gesellschaftliche Ordnungs-bildungen und Grenzziehungen. Der Sinn archaischer Gesell-schaftsordnung – so Karl Kerényi in einem Kommentar zum Trickster-/Schelmen-Mythos – werde durch nichts so ein-drucksvoll gerechtfertigt, als durch die Anerkennung dessen, was sich ihr entzieht »in einem Vertreter des durch keine Ord-nung völlig niederzuhaltenden, von Lustgier beherrschten, selbstverursachtem Schmerz anheimfallenden, schlaudumm sich gebarenden körperlichen Lebens« (1954, 172 f.). Kerényi hat die Trickster-Figur zu Hermes und Prometheus in der griechi-schen Mythologie in Beziehung gesetzt, deren Göttlichkeit frei-lich nicht zweifelhaft ist. Doch sind auch sie zwielichtig-schil-lernd, krummsinnig, wie Hesiod den Prometheus nennt. Pro-metheus ist der Kulturbringer und Wohltäter der Menschen schlechthin, der sie, »kindisch-blöd zuvor, / Verständig machte und zu ihrer Sinne Herrn«, der sie von ihrer Blindheit und Taub-heit, ihrem Unvermögen, zwischen Wahn und Wirklichkeit zu unterscheiden, befreite – so lässt Aischylos seinen »Gefesselten Prometheus« den Katalog der Gaben beginnen, mit denen er die Sterblichen beglückte (V. 442 ff.). Das brachte ihn in Gegensatz zur Herrschaftsordnung des Zeus, der diese Gaben den Men-schen vorenthalten wollte. Verschlagen verfängt Prometheus sich in der eigenen Schlinge. Findigkeit ist gegenüber den Ver-fügungen des Schicksals und überlegener Göttermacht schwä-cher, ehe sie sich zu behaupten lernt. In dem Voraus-Bedenken-den (so die eigentliche Bedeutung des Namens Prometheus) wird mit Kerényi die Dummheit des Schlauen offenbar; seine Schlauheit überschlage sich Zeus gegenüber, werde zur Dumm-heit, »deren Vertreter, Epimetheus [der Nach-Bedenkende], er zum Bruder hat«. Schlauheit und Dummheit, im Trickster/ Schelm untrennbar verbunden, sind in dem Brüderpaar Prome-theus und Epimetheus auf zwei Personen verteilt: Nachdem Prometheus nach Opferbetrug und Feuerdiebstahl bestraft und den Menschen entzogen worden sei, bleibe »an der Stelle des Listigen [...] – als sein Komplement – der Dumme« (1954, 166 f.). Aber ist Epimetheus bloß der Dumme, weil er – trotz der War-

nung des Bruders – die Gabe des Zeus, Pandora mit dem Un-
heils-Krug, annimmt? Der Krug wird geöffnet und die Leiden
kommen in die Welt. Der Schaden tritt ein und ist nicht wieder-
gutzumachen. Doch die schmerzhaften Zusammenstöße mit
widerständigen Wirklichkeiten ermöglichen – nach-bedacht –
einen Schritt aus der Dummheit heraus: Epimetheus »erkannte
das Unheil, als er es hatte«, heißt es bei Hesiod.[2]

Der Trickster/Schelm spukt an allen Enden der Welt. Seine
Abhängigkeit von der Natur und sein zivilisierendes Potential
in eine lebbare Balance zu bringen, ist eine unerledigte und be-
unruhigende Herausforderung. Die Geschichte der Menschen
lässt sich als ständiges Verfehlen und stets erneuerten Versuch
verstehen, eine solche Balance herzustellen. Ein früher prototy-
pischer Vertreter ist Odysseus, ein Umherirrender auch er nach
dem Trojanischen Krieg, doch kein ziellos Wandernder mehr,
der, um sich selbst zu gewinnen, die Verstrickung in Natur aufzulösen beginnt. Odysseus ist der Listige. List öffnet Wege aus
der Dummheit. In ihr wächst dem Schwachen ein Mittel der
Selbstbehauptung zu. Sie ist – so Horkheimer und Adorno in
der *Dialektik der Aufklärung* (1947; 1969, 66) – »der rational
gewordene Trotz«. Sie arbeitet mit Zweideutigkeiten, hat ein
Moment der Unwahrheit an sich, das nicht nur den düpiert,
der Eindeutigkeit erwartet, das Wort wörtlich nimmt, sondern
auch den Verschlagenen selbst beschädigt (ebd., 63). Ansprü-
chen und Vorschriften von Göttermacht und Naturgewalt nicht
Folge zu leisten, wäre töricht (»nepioi«, Toren, nennt Homer die
Gefährten des Odysseus, die gegen die Weisung des Sehers Tei-
resias und der Zauberin Kirke sich an den Rindern des Sonnen-
gottes vergreifen und in dem als göttliches Strafgericht entfes-
selten Sturm umkommen). Aber der Zwang überlegener Macht
kann durch die Einführung zusätzlicher Handlungsbedingun-

2 Mit Prometheus und Epimetheus beginnt eine Topos-Geschichte des
ungleichen Paares: der eine besitzt *fortitudo* (Körperkraft, Tapfer-
keit), der andere *sapientia* (Weisheit) (vgl. Curtius 1961, 179 ff.), der
eine ist Schelm, der andere Dümmling (vgl. Meiners 1967); das geht
weiter über Don Quijote und Sancho Pansa, die Herr-und-Knecht-
Variationen seit dem 18. Jahrhundert, bis hin zu den Slapstick-Paaren
in Zirkus und Film wie etwa Dick und Doof.

gen oder die Entdeckung sprachlicher Mehrdeutigkeiten gebrochen werden. Odysseus gibt sich dem Kyklopen Polyphem gegenüber als Outis, als Keiner, aus. »Er bekennt sich zu sich selbst, indem er sich als Niemand verleugnet, er rettet sein Leben, indem er sich verschwinden macht« (ebd., 68). Enthüllt er später – schon auf dem Meer –, anstatt schweigend sich zu entfernen, seinen wahren Namen und schleudert der von ihm geblendete Kyklop Felsbrocken in die Richtung, aus der die Stimme schallt, kostet ihn das beinahe das Leben. Sich als gescheit zu bekennen, erweist sich als Dummheit. Die List, »die darin besteht, daß der Kluge die Gestalt der Dummheit annimmt, schlägt in Dummheit um, sobald er diese Gestalt aufgibt« (ebd., 75 f.). – In den Mythen und Heldengeschichten wird Dummheit als selbstverschuldeter Schmerz, als schmerzlich empfundener Mangel und Antrieb zu dessen mühsamer Behebung und als Selbstüberhebung erfahren, aber auch – in List verwoben – als Selbstbehauptung gegenüber Göttern und übermächtiger Natur.

II Dummheit kommunizieren:
soziale Spott-Verhältnisse

Der Ethnologe Max Gluckman hat am Beispiel der Tonga-Ge-
sellschaft (nördlich des Sambesi), einer Gesellschaft ohne politische Autoritäten, »joking relationships« als ein wichtiges
Mittel zur Erhaltung des sozialen Zusammenhalts beschrieben
(1965, 97 ff.): Bestimmte Personen, »clan-jokers«, üben in gere-
gelten Formen mittels Scherz und Spott Kritik an anderen, um
etwa vor dem Bruch des Exogamie-Gebots zu warnen, um die
Verschwendung von Eigentum anzuprangern oder um bei Be-
stattungen die lebenden Verwandten aufzumuntern. So fragen
sie etwa die Trauergäste, warum sie trauern, wenn sie den
Verstorbenen durch Zauberei auf dem Gewissen haben, was
einer realen Furcht unter den Verwandten entspricht, dass einer von ihnen so gehandelt haben könnte. Es sind jeweils Mit-
glieder eines anderen Clans der Tonga, die das »joking« übernehmen (müssen) – sie stehen den Verspotteten nah genug für
ein soziales Interesse an deren (potentiell) dummen Handlungen und ausreichend fern (gegenüber Mitgliedern desselben
Clans), um nicht selbst in Konflikte verwickelt zu sein. Überdies sichern »clan-jokers« die moralischen Bindungen zwischen den Clans. Und sie machen Dummheiten kommuni-
zierbar.

Die Entwicklung komplexer Gesellschaften mit zentralis-
tisch-hierarchischen Herrschaftsformen treibt eine spezifische
Ausprägung der »joking relationships« hervor: den »court jester«, den Narren am Hof eines Königs oder Fürsten (ebd.,
102 ff.). Hofnarren stellen Verletzungen der sozial-moralischen
Ordnung durch die Herrschenden auf närrische Weise bloß: als
Narrheiten. Wo es schwierig ist, das Haupt einer politischen
Einheit zu kritisieren, kann ein institutionalisierter Joker moralische Empörung in Formen zum Ausdruck bringen, die Be-
troffenheit in Gelächter überführen. Lachen ist die lösende
Antwort des Körpers auf unauflösbare Mehrsinnigkeiten, auf
eine Inkongruenz von Handlungszielen, -ressourcen und -fol-

gen.[1] Die Perspektive des Narren ist die vom Rande der Hof-Gesellschaft aus. Er kommt von unten, ist oft Sklave und in der Regel ohne Macht. Das verbürgt einen relativ ungetrübten Blick auf Laster und Machtmissbrauch im Zentrum der Herrschaft. Deren andeutend-zweideutige Benennung verhilft dem Randständigen zu dem Privileg naiv-freimütiger Äußerung, zu einem geschützten Raum des Agierens, ohne jedoch sich dessen immer und überall sicher sein zu können: Berichte aus der chinesischen Geschichte, Konfuzius habe einige Narren, Sänger und Zwerge hinrichten lassen, weil sie die Riten der Hofetikette verletzt hätten, sind wohl unzutreffend, doch verweisen sie auf Restriktionen für das Verhalten bei Hofe: offenes Scherzen und Spotten war für jeden abstoßend, für den die rituellen Vorschriften öffentlicher Ehrerbietung selbstverständlich galten (Xu 2011, 58). In der konfuzianischen Tradition war das »joking« an Bedingungen gebunden: Es sollte geschmackvoll, kultiviert, maßvoll, lehrreich und nützlich sein, um Austausch zu fördern und Streit zu schlichten.

Sima Qian (um 145–86 v. Chr.) hat in seiner Geschichte Chinas (*Shiji*) Biographien von Hofnarren einbezogen, um zu zeigen, wie sie Scherz und Witz benutzten, die Herrscher vor Dummheiten zu warnen. Sie vermieden direkte Kritik, kleideten sie vielmehr in Geschichten und Anekdoten ein, nutzten Euphemismen, Gleichnisse und Ironie, gelegentlich auch darstellerische Techniken wie Verkleidung, Nachahmung von Stimme und Gestik sowie Gesang. Erzählt wird etwa, dass der zweite Kaiser der Qin-Dynastie die Mauer der Hauptstadt lackieren lassen wollte. Der Hofnarr You Zhan lobte das Vorhaben: Hätte es der Kaiser nicht angeordnet, hätte er selbst es vorgeschlagen. Es werde teuer, aber schön. Feinde würden die glatten Mauern

---

1 Gefolgt wird hier der Anthropologie Helmuth Plessners, die »Lachen und Weinen« als »Ausdrucksformen einer Krise«, einer »Desorganisation im Verhältnis des Menschen zu seinem Körper« begreift (1941; 1982, 211, 334). Da zu den Anlässen des Lachens und Weinens Dummheiten gehören, ist es nicht verwunderlich, dass einige der einschlägigen Dummheits-Reflexionen auch die Lach- und Humorforschung interessieren, wie ein Blick in jüngere Arbeiten zeigt: Zijderveld 1976, Berger 1997, Geier 2006, Stoessel 2008.

nicht erklimmen können. Die einzige Schwierigkeit sehe er darin, ein Schutzdach zu bauen, das groß genug sei, die lackierten Mauern trocken zu halten. Der Schlusssatz der Geschichte lautet: »Der Kaiser lachte und ließ das Vorhaben fallen« (Sima Qian, 126).[2]

In der Geschichtsschreibung über die Hofnarren (und die sehr seltenen Hofnärrinnen) von Flögel (1789; 1977) bis Beatrice Otto (2001) begegnen mannigfaltige Perversionen solcher närrischen Verhältnisse: Nicht der Hofnarr verspottet die Herrschenden, sondern umgekehrt. Die Mächtigen und Reichen hetzen mehrere Narren wie Gladiatoren aufeinander oder spielen gleich selbst die Narren, um ihre Umgebung zu demütigen und sie ihre eigene Verächtlichkeit fühlen zu lassen. Sie halten sich verkrüppelte, kleinwüchsige, geistesgestörte Opfer, die sie beliebig quälen können. In Rom gab es (Flögel zitiert Plutarchs *Peri polypragmosynes* – »Von der Neugierde«, *Ethika* 40,10) einen »Narrenmarkt«, auf dem missgestaltete Menschen ausgestellt und feilgeboten wurden. Narren werden geschlagen und gelegentlich auch umgebracht. Umgekehrt finden sich unter den Hofnarren nicht nur die virtuosen Schausteller, von denen »man nicht weiß, ob man sie für Narren oder für Kluge halten soll«, sondern auch »Schandbuben, Bösewichter, Gotteslästerer, Verleumder und die gröbsten Zotenreißer […]; und solche hätten allerdings an wohlgeordneten Höfen nicht sollen geduldet werden« (Flögel 1789; 1977, 22, 32).

Narren sind nicht nur an königlichen oder fürstlichen Höfen fest bestallt, sie kommen anlassweise, oft ungeladen, zu Festgelagen: in Xenophons *Symposion* etwa der »gelotopoios« Philippos, ein Possenreißer, begierig, »andrer Leute Mahlzeit zu verzehren«, ein »parasitos« (Mitesser) also auch, ein Widerpart zu den Verhaltensidealen der Versammelten. In der Folge der Reden darüber, was ein jeder von ihnen am besten könne, kommt

---

2 Das altchinesische Verständnis von Dummheit (mit dem Leitwort *yú*) hat Schwermann (2011) als Entwicklung von fünf Bedeutungskreisen/Verwendungsweisen analysiert: 1. Unwissenheit, Unfähigkeit; 2. geistig-moralische Beschränktheit; 3. positive Einfalt, Lauterkeit; 4. Inkompetenz von Amtsträgern; 5. Selbsterniedrigung, vor allem gegenüber Höhergestellten (Bescheidenheitstopos).

die Reihe an ihn: Alle wüssten doch, dass er ein Narr sei, und würden ihn zu jedem Glück, das ihnen zufalle, einladen; treffe sie aber ein Unglück, liefen sie vor ihm davon, aus Angst, wider Willen lachen zu müssen. Nun ist das Lachen-Machen nicht immer einfach, wie Philippos bei diesem Symposion erfahren muss, als über seine Scherze niemand lacht; traurig verhüllt er sein Haupt, und erst das Lächerliche eines wehklagenden Spaßmachers hat die gewünschte Wirkung. – Lukians *Gastmahl*-Satire präsentiert einen »Lustigmacher« unter lauter Philosophen der verschiedenen, miteinander zerstrittenen Schulen, »einen häßlichen kleinen Kerl«, den der Kyniker zum Faust- und Ringkampf herausfordert, weil er sich verspottet fühlt, ein Kampf, den der Philosoph gegen den »in diesem Handwerk abgehärteten Knirps« natürlich verliert. Das Symposion steigert sich zu wechselseitigen Vorwürfen über das Missverhältnis der jeweiligen Lehren gegenüber der Alltagspraxis und gipfelt schließlich in einer wüsten Prügelei. Die Philosophen erweisen sich als die wahren Narren, was den Berichterstatter zu der Einsicht führt, »daß Leute, die immer über den Büchern sitzen und sich den Kopf beständig mit fremden Gedanken anfüllen, durch ihre Gelehrsamkeit selbst von der gesunden Vernunft abgeführt werden« (1,203).[3]

Die Narren als weise Mahner und die Philosophen als durchdrehende Narren – ist die Ambivalenz des Närrischen eine spiegelverkehrte Ambivalenz der Vernunft? Ähnliche Irritationen haben immer auch Narren begleitet, die am Rande oder jenseits der sozialen und kognitiven Ordnungen sich bewegen. Diese Narren-Welten entziehen sich tendenziell dem Verständnis, der Verständigung, der sozialen Integration, rela-

---

3 Die einzige aus der (Spät-)Antike erhaltene Witze-Sammlung, der *Philogelos* (»Lachfreund«), hat den *scholastikos*, einen, der sich mit den Wissenschaften beschäftigt, als Dummkopf im Visier; er ist vom *moros*, dem Narren, kaum zu unterscheiden: »Jemand begegnete einem *scholastikos* und sagte: Ich habe dich im Traum gesehen und gegrüßt. Der *scholastikos* erwiderte: Verzeih! Ich habe es, bei den Göttern, nicht bemerkt, weil ich beschäftigt war.« – »Ein Narr hatte gehört, im Hades werde gerecht gerichtet. Deshalb erhängte er sich, als er einen Rechtsstreit hatte.«

tiv zur Geschichte menschlicher Selbst- und Weltvergewisserung, in der die Grenzen zwischen rationaler und phantastisch-imaginärer Zuwendung zu zweideutigen und unbeherrschten Mächten in Natur und Gesellschaft unscharf und verschiebbar sind. Das Unzugängliche und Verstörende kann als göttliche Besessenheit verehrt, als göttliches Strafgericht auf eine Schuldzuweisung verfolgt, als Abweichung vom alltäglich Gewohnten verhöhnt oder bei akuter Raserei als gemeingefährlich beiseitegeräumt werden. Solche Narrheiten können aber auch als Maske dienen, oft aufgesetzt um des Überlebens willen. Titus Livius berichtet in seiner römischen Geschichte *Ab urbe condita* (1,56 ff.) von Lucius Junius, der sich den Beinamen »Brutus« (der Blöde) gefallen ließ, um sich unter dem Deckmantel der Dummheit und der damit verbundenen Verachtung vor den herrschenden Tarquiniern, ihrem Misstrauen und ihren Begehrlichkeiten, zu schützen, bis er die Maske fallen lassen und Rom von der Königsherrschaft befreien konnte (509 v. Chr.). Eine ähnliche Geschichte wird im 1. Buch Samuel (21,11 ff.) über David erzählt, der sich bei Achis, dem König von Gath, verrückt stellte, um Nachstellungen zu entgehen. Sie findet sich in der Version eines Stettiner Pastors, der 1619 zum Tode eines herzoglich pommerschen Hofnarren predigte:

»David stellte sich als einen Wahnwitzigen, brachte wunderliche Schwänke und Narrenpoßen vor, redete bald von dem und jenem sehr kindisch und albertätisch, sprach die Worte bald ganz, bald halb aus, parlirte ietzt von der Winddann von der Wassermühlen, warf das Hundertste ins Tausendste, er wird das Haupt auf beiden Seiten, auch hinten und vorn geschlungen und geschlottert haben, mit den Augen und Kopf gewinket, dieselben verkehrt, bald auf- bald zugemacht, damit geflinkt und geplinzelt, das Maul verkehrt, gebrummt, den Rachen aufgesperrt, damit gegurgelt, gepfiffen und gesungen, Nas' und Maul mit den Fingern und Händen voneinander gerissen, und in vielen andern Gebehrden den Morionibus [lat. »morio«, der Narr] und Stockfischen, die er an dem Hofe des Königs Saul gesehn, nachagirt [haben].«

Flögel, der aus dieser Predigt zitiert (1789; 1977, 11, 278 ff.), schließt: »Was den Rücken des Narren rettet, ist der Anschein der Dummheit, er mag nun ein wirklicher oder verstellter Narr seyn […].«

III Dummheit in der Theoriebildung – Platon

Wenn Erzählungen über das schmerzhafte Verfehlen von Wirklichkeit, über Verletzungen der moralischen Ordnung und das Verkennen ihrer Folgen Beunruhigung auslösen, Gelächter oder Unwillen oder beides und ein Nachdenken in Gang setzen, wenn in ihnen Bedeutungsüberschüsse erkennbar und Neuorientierungen des Lebensentwurfs unabweisbar werden, wenn aus der fallweisen Erfahrung Verallgemeinerungen und aus einer bildlich beschreibenden Sprache Begriffe herausgearbeitet werden, dann sind die Erzählungen Teil eines systematisierenden Reflexionsprozesses geworden. Man könnte sagen: sie werden theoretisiert. Eine solche Entwicklung von der Erzählung zur Theorie hat Hans Blumenberg 1987 in der Konstellation des stürzenden Philosophen und der lachenden Dienstmagd rekonstruiert: Da ist zunächst die Äsopische Fabel über einen Astronomen, der auf seinem nächtlichen Weg, den Sternen-Himmel aufmerksam beobachtend, unversehens in eine Zisterne fällt. Ein Passant hört sein Klagen und bemerkt, nachdem er den Hergang erfahren hat: »Du bist mir der Richtige! Du versuchst, die Dinge am Himmel zu erspähen, und siehst nicht die Dinge auf der Erde.« Platon hat die Erzählung in dem Dialog *Theaitetos* umgeformt: Er hat an die Stelle des anonymen Astronomen einen der Begründer der griechischen Philosophie, Thales von Milet, gerückt und was diesem geschah, den Sokrates als beispielhaften Fall für das Verhältnis des Philosophen zu seinen Mitmenschen reflektieren lassen: Als Thales »einmal, um die Sterne zu betrachten, nach oben schaute und dabei in einen Brunnen fiel, soll ihn eine schlagfertige und tüchtige thrakische Magd mit den Worten verspottet haben, daß er zwar darauf aus sei zu wissen, was am Himmel vor sich gehe, ihm aber verborgen bleibe, was in seiner Nähe und vor seinen Füßen liege. Derselbe Spott gilt für alle, die ganz in der Philosophie aufgehen« (174a).

Der platonische Sokrates erörtert im *Theaitetos* das Besondere philosophischen Tuns und Lassens im Unterschied zu den alltäglichen Praxen des städtischen Lebens. Die in der Philosophie leben und die auf dem Markt und vor Gericht, in Geschäften oder auf Versammlungen tätig sind, sieht er im Verhältnis von Freien und Knechten. Letztere reden immer in Eile, sie haben es mit einem Gegner zu tun und mit einem Herrn, der Recht spricht. Sie sind zwar scharfsichtig und gewitzt, aber engstirnig und ohne Rückgrat. »Denn ihre Knechtschaft von Jugend auf hat ihre Entwicklung und eine geradlinige, freie Haltung verhindert. Denn sie zwang diese Leute zu krummen Unternehmungen« (173a). Im Gegensatz dazu kennt der Philosoph nicht einmal den Weg zum Markt und zum Gericht; um Ratsversammlungen und Amtsbewerbungen kümmert er sich nicht. Ob einer von edler oder niedriger Herkunft ist oder ob ihm von seinen Vorfahren her ein Makel anhängt, davon weiß er nichts; er weiß nicht einmal, »daß er es nicht weiß« (173e). Nur sein Körper wohnt im Staat, während sein Denken umherschweift, auf der Erde und am Himmel, die Natur aller Dinge erforscht, »ohne sich auf irgend etwas Naheliegendes einzulassen« (174a). »Was aber der Mensch ist und was einer derartigen Natur im Unterschied zu anderen zu tun und zu leiden zukommt, danach sucht er und gibt sich Mühe, es herauszufinden« (174b). Doch wenn er »vor Gericht oder sonstwo gezwungen wird, über solche Dinge zu reden, die vor seinen Füßen oder vor aller Augen liegen, so erregt er nicht nur bei Thrakerinnen Gelächter, sondern auch sonst bei der großen Menge. Denn er stürzt aus Unerfahrenheit in Brunnen und jede sonstige Ausweglosigkeit« (174c).

Der platonische Sokrates führt hier ironisch gebrochen die Verselbständigung der Philosophie gegenüber der alltäglichen Lebenswelt vor. »Theoria« im ursprünglichen Wortsinn ist das Anschauen des Kosmos, der schönen Ordnung, um das Maß dieser Ordnung in sich selbst nachzubilden, um in der Angleichung der Seele an die Harmonie der Bewegungen des Kosmos diese lebenswirksam zu machen (vgl. Picht 1969, 108 ff.): Theorie ist nicht nur eine Form der Erkenntnis und des Wissens, sondern ein Lebensentwurf (»bios philosophos« bzw. »theoretikos«), gerichtet gegen eine wechselhafte, zweideutige, der Vergänglichkeit in der Zeit ausgelieferte Alltagspraxis. Sobald nach den Grundlagen und Verbindlichkeiten menschlichen Denkens und Handelns gefragt wird, muss der Blick von den Zufällen und Beliebigkeiten des Alltags, von den Verstrickungen der Menschen in Trug und Streit abgewendet werden. Blumenberg spricht vom »Zusammenstoß von Wirklichkeitsbegriffen« und »deren Unverständigkeit gegeneinander« (1987, 14). Das kann Gelächter freisetzen, aber auch (man denke an Sokrates' ferneres Schicksal) tödliche Folgen haben. (Im Höhlengleichnis in Platons *Politeia* erzählt Sokrates von den in der Höhle Gefesselten, dass sie wohl jeden umbringen möchten, der sie von den Fesseln lösen wolle, um sie zum Licht wahrer Erkenntnis emporzubringen und zu einem radikal anderen Leben zu verpflichten.) Was den einen als Weltfremdheit des Theoretikers erscheint, ist den anderen Verlorenheit des Menschen an die Wechselfälle seines endlichen Lebens. Dabei bleibt es nicht aus, dass die einen in die Wirklichkeit der anderen geraten. Dann stolpert der Theoretiker und fällt von einer Verlegenheit in die andere. Wenn umgekehrt »jener kleingeistige, [...] rechthaberische Mensch« von der Frage, ob ich dir Unrecht tue oder du mir, der Untersuchung von Gerechtigkeit und Ungerechtigkeit selbst sich zuwendet,

> »dann gibt er das genaue Gegenbild ab. Denn wenn ihm schwindlig wird von der Höhe, in der er schwebt, und wenn er von hoch oben herabschaut und, weil er es nicht gewohnt ist, ängstlich und ratlos ist [...], dann erregt er zwar nicht bei den Thrakerinnen Gelächter und auch nicht bei irgendeinem anderen Ungebildeten – denn sie nehmen es ja gar nicht wahr – wohl aber bei all denen, die ganz anders als die Sklaven erzogen worden sind« (*Theaitetos* 175c, d).

Als Sokrates sich vor Gericht auf Leben und Tod verteidigen muss, lässt ihn Platon sich mit einem Wort charakterisieren, das erst sehr viel später in die Nähe von Dummheit und Narrheit rückte: »idiotes«. Im antiken Griechenland hatte es die Bedeutung eines Privatmanns, des sich von Staat und Politik Absondernden, des Laien (als Nicht-Fachmann), gelegentlich auch des Sonderlings (Gigon 1981, 385 ff.). In der *Apologie* rechtfertigt Sokrates seine politische Zurückhaltung damit, dass auf diese Weise der Sache der Tugend am besten zu dienen sei. In der Polis, so wie sie ist, sei das nicht möglich. Wer für das Gerechte streiten wolle, ohne dabei selbst Schaden zu nehmen, müsse »als Privatmann auftreten, nicht als Politiker« – »idioteuein, alla me demosieuein« (32a). Im Bewusstsein dieser Bedeutung war für den jungen Herder Sokrates der »weise Idiot Griechenlands« (*Ueber Thomas Abbts Schriften*, 1768; 1967, 253), während der Herder der *Briefe zu* [sic!] *Beförderung der Humanität* die in einem »Wahn« Befangenen die Gegner ihres Wahns als »Idioten«, als Wahn-sinnige, verunglimpfen lässt: »wer nicht mitwähnet, ist ein Idiot, ein Feind, ein Ketzer, ein Fremdling« (1794; 1967, 230).

Wie auch immer in der Geschichte Theorie theoretisiert wird – ihre wachsende Bedeutung für das Begreifen von Wirklichkeit korrespondiert mit Beschränkungen gegenüber der konkreten Fülle und lebendigen Entwicklung von Wirklichkeit, demgegenüber, was in Theorie nicht aufgeht und sich widerspenstig zu ihr verhält. Mit solchen theorie-immanenten Beschränkungen rückt auch Dummheit in den Horizont der Theoretisierbarkeit: als Moment von Theorie selbst. Ein vielversprechendes Unternehmen, der Dummheit zu begegnen, bleibt mit ihr geschlagen. Das Leiden an der vergänglichen, sich ständig ändernden, unübersichtlichen, trügerischen Wirklichkeit legt den Gedanken nahe, sich aus ihr zu lösen. Aber damit ist diese Wirklichkeit noch nicht bewältigt. Das theoretische Hinaus ist immer auch ein Verfehlen lebenspraktischer Nöte und Widersprüche, erst recht dann, wenn die theoretische Mühe durch disziplinäre Arbeitsteilungen und partikulare Interessen begrenzt und verzerrt wird. Überdies steckt Dummheit in den Einschränkungen des Lebens der anderen. Sie hängt davon ab, wer spricht und für das »richtige« Leben Überlegenheit beansprucht oder über das »falsche« in Gelächter ausbricht: Die Toren halten sich für »Neunmalkluge« und diejenigen, die ihnen die Wahrheit sagen, für »Narren« (*Theaitetos* 177a). Dummheit erscheint in perspektivischen Brechungen und wechselseitigen Zuschreibungen.

IV Dummheit im Verfehlen der Sittlichkeit

Um 319 v. Chr. entstanden die *Charaktere* des Aristoteles-Schülers Theophrast, dreißig Charakterskizzen in lockerer Folge aus dem Athener Alltagsleben: der »Schwätzer« etwa, der »Gedankenlose« oder der »Spätgebildete«. »Charakter« bezeichnet im Altgriechischen den Präger, sein Werkzeug, mit dem er prägt, und das Ergebnis, die Prägung, den Abdruck, dann auch das Kennzeichen, die Eigentümlichkeit. Einzelne fehlerhafte, lastervolle Verhaltens- und Redeweisen, zu Haltungen verfestigt, werden in menschlichen Gestalten verselbständigt dargestellt, werden typisiert und geraten in der Darstellung zu Karikaturen. Ihre Genese lässt sich vor dem Hintergrund der Aristotelischen Ethik verständlich machen: »Wie man zu einem wertvollen Menschen wird, dafür gibt es drei Ansichten: durch Naturanlagen, durch Gewöhnung oder durch Belehrung«, heißt es in der *Nikomachischen Ethik* (1179b). Von Natur aus bringt der Mensch Anlagen zur »sittlichen Trefflichkeit« mit, die entwickelt und gepflegt werden müssen. Während die »Vorzüge des Verstandes« (etwa sittliche Einsicht) vorwiegend durch Lehre vermittelt werden, verdanken sich die »sittlichen Vorzüge« (etwa Großzügigkeit) vor allem der Gewöhnung durch wiederholtes Handeln, aus denen die »gefestigte Haltung« erwächst. Sittliche Werte können durch ein Zuviel oder Zuwenig zerstört werden (1104a). Es kommt also alles auf die Ausbildung einer Mitte zwischen Übermaß und Unzulänglichkeit an, die sich – so wie sich die Mitte konsolidieren soll – ihrerseits verfestigen können. In den Büchern II bis V der *Nikomachischen Ethik* entfaltet Aristoteles einen Katalog sittlicher Vorzüge und Abweichungen. Einzelne Abweichungen lassen sich unschwer zu den *Charakteren* Theophrasts in Beziehung setzen, etwa der »Geizige«, der »Prahler«, der »Flegel«, der »Taktlose«, der »Unverschämte« oder der »Gefallsüchtige«. Sind solche Charaktere (auch) dumm? »Unter den Dummen gibt es solche, die von Natur gedankenlos sind und nur ihren Instinkten leben … Bei anderen wiederum kommt es von einem Leiden« (1149a). Diese stehen jenseits der Grenzen sittlicher Fehlbarkeit. Relevant für sittliches Handeln wird Dummheit dort, wo sie die Mängel der Gewöhnung und Erziehung verstärkt, die zu negativen Fixierungen in den Charakteren führen, und wo dieser Zusammenhang selbst nicht beachtet wird: Der sei stupide, der nicht wisse, dass aus den wiederholten Einzelhandlungen die festen Grundhaltungen hervorgehen (1114a). Auch die Folgen negativer Fixierungen sind gelegentlich von der Art, dass ihnen das Attribut des Dummen angemessen ist. Aristoteles nennt die Verschwender, die »im Geben und Nichtnehmen das rechte Maß verfehlen«, nicht sittlich niedrig, sondern »töricht« (1121a); ebenso die Armen, die, obwohl ihnen die Mittel fehlen, um »großen Aufwand in geziemender Weise zu zeigen«, solches dennoch versuchen (1122b). Übermäßige Ergebenheit und Folgsamkeit des Sohnes gegenüber dem Vater (»Mustersohn«) ist nicht sittlich schlecht, sondern »albern« (1148a). Dummheit, die zur falschen Einschätzung einer Handlungssituation führt, kann ein Verfehlen der Sittlichkeit begünstigen. Die Entwicklung zur Sittlichkeit bedarf des klugen Mit-sich-zu-Rate-Gehens, also einer Suchbewegung, und der Erfahrung, die aus praktischer Bewährung in konkreten Situationen erwächst, und beides kann fehlen. Dummheit ist den Charakteren beigemischt: Theophrasts »Abergläubischer« geht, wenn eine Maus einen Mehlsack angefressen hat, zu einem Zeichendeuter und fragt, was er tun soll. Gibt dieser ihm den Rat, er solle den Sack beim Sattler flicken lassen, »kehrt er heim und bringt ein Opfer dar«. Wenn dem »Gedankenlosen« gemeldet wird, »einer seiner Freunde sei gestorben, er solle hinkommen, wird er betrübt, weint und sagt: ›Herzlichen Glückwunsch!‹«

Zwei Jahrtausende später begegnet der Gedankenlose wieder: Als Ménalque steigt er die Treppe hinab, um auszugehen. Die Nachtmütze auf dem Kopf, verlangt er nach seinen Handschuhen, die er in der Hand hält. In einer Gesellschaft bleibt seine Perücke an einem Kronleuchter hängen. Alle Anwesenden lachen. Ménalque lacht am lautesten und sucht nach dem, dem eine Perücke fehlt.

»Oft richtet er eine Frage an euch; aber indem ihr ihm zu antworten gedenkt, ist er schon über alle Berge. Oder er fragt euch auch wohl im Vorübereilen, wie euer Herr Vater sich befinde; und nachdem ihr ihm mitgeteilt habt, daß es sehr übel mit ihm stehe, sagt er euch, er sei sehr erfreut darüber ... Kurz, er ist in einer Gesellschaft weder mit dem Geiste gegenwärtig, noch aufmerksam auf das, was den Gegenstand der Unterhaltung ausmacht; er denkt und spricht zu gleicher Zeit, aber das, worüber er spricht, ist selten das, woran er denkt.«

Jean de La Bruyère hat 1688 seiner Übersetzung der *Charaktere* Theophrasts eigene *Caractères* als Studien zu den *Mœurs de ce siècle* hinzugefügt (das Zitat: o. J., 239 ff.; 1999, 399 ff.). Die Differenz zu Theophrast sah er darin, den Verirrungen des Geistes, den verborgenen Regungen des Herzens, den inneren Beweggründen des Handelns mehr Aufmerksamkeit geschenkt zu haben: Psychologie dominiert die Ethik. La Bruyère selbst fehlte die ungebrochene Zuversicht in die Gewöhnung und Erziehung zu sittlicher Trefflichkeit. Gewiss hielt er an dem Ziel der Verbesserung der Menschen fest; aber da sie »der Untugenden nicht überdrüssig werden«, wäre schon viel für die Sache der Moral gewonnen, wenn sie sich wenigstens nicht verschlimmern (o. J., 29). Zur Vernunft gelangt man nur auf einem Wege, aber »man entfernt sich von ihr auf tausenden«. Das Studium des Dummen und Dreisten ist die größere Aufgabe als das der Weisheit: »Wer nur Gebildete und Vernünftige kennen gelernt hat, der kennt den Menschen überhaupt nicht, oder nur zur Hälfte« (ebd., 285) In Gestalt seiner Charaktere wollte La Bruyère dem Publikum zurückgeben, was es ihm an Aufschluss über sich selbst geliefert hatte.

V Die Dummen und das Ideal des Weisen

Das Programm der Stoa lautet: ein Leben in Übereinstimmung mit der göttlich geleiteten Natur zu führen, ein tugendhaftes Leben, in dem sich die menschliche Vernunft entwickelt und in der Gestalt des Weisen vollendet. Der Erwerb der Tugend ist oberstes Lebensziel und Maßstab des Handelns. Die Tugend gilt als das einzige Gut; alles andere: Reichtum, Ansehen, Wohlbefinden – ist demgegenüber gleichgültig, »adiaphoros«, weder gut noch schlecht, doch gut oder schlecht zu gebrauchen.

Seneca erläutert das am Beispiel des Reichtums (*De vita beata* 21,4; 22,1): Der Weise liebt ihn nicht, sondern zieht ihn vor, »nicht in seine Seele, sondern in sein Haus nimmt er ihn auf«. Reichtum eröffnet größere Möglichkeiten für sittliches Handeln (etwa Freigebigkeit) als Armut, die lediglich zulässt, »sich nicht beugen noch niederdrücken zu lassen«. Er muss jedoch aufgegeben werden, wenn die Tugend es verlangt. Der Weise behandelt ihn wie einen Sklaven, wer aber sich ihm als einem Herrn unterwirft, ist ein Tor.

Die Stoa kontrastiert den Weisen mit dem Toren (vgl. Jedan 2010, 185 ff.):

- Der Weise ist und handelt tugendhaft, die Toren sind und tun dies nicht.
- Der Weise ist frei von Affekten (Begierde, Furcht, Lust, Betrübnis); stattdessen hat er angemessene Gefühle (»eupatheiai«) der Freude, der Vorsicht und des (richtigen) Wünschens. Die Toren sind und handeln in Zuständen affektiver Verwirrung (»mania«).
- Der Weise hat Wissen (»episteme«) über die göttliche Schöpfungsordnung und fügt sich in ihren Sinnzusammenhang ein. Die Toren haben bloße Meinungen (»doxai«); Meinungen werden übereilt gebildet, schwanken und sind ohne sicheren Erkenntnisgrund. Die Stoiker, heißt es in der Anthologie griechischer Schriftsteller des Stobaeus aus dem 5. Jahrhundert n. Chr., »nennen jeden Toren wahnsinnig, da er über

sich selbst und seine Umstände in Unwissenheit sei« (zit. nach: Hossenfelder 1996, 139).

– Der Weise ist fromm, die Toren sind es nicht. Sie überschreiten – so Stobaeus – »viele der Rechtsvorschriften gegenüber den Göttern«. Sie sind festlos, »da das Fest eine bestimmte Zeit sei, in der man sich der Gottheit nähern müsse, um sie zu ehren« (ebd., 142).

– Der Weise ist sich selbst genug. Seneca versteht diese Maxime im Sinne eines glücklichen Lebens, nicht des Lebens überhaupt, denn zu einem solchen »hat er viele Dinge nötig, zu jenem lediglich eine Seele, vernünftig und aufrecht und verachtend das Schicksal«. Und er zitiert Chrysippos aus der älteren Stoa: Der Weise entbehre nichts, und dennoch habe er viele Dinge nötig. »Dagegen hat der Törichte nichts nötig; nichts nämlich weiß er zu gebrauchen, aber alles entbehrt er« (*Ad Lucilium epistulae morales* 9,13 f.)

Den Menschen kommt es von Natur aus zu, Vernunft zu entwickeln und nach Tugend zu streben, doch sie können in die Irre gehen. Unter den Ursachen haben die Stoiker vor allem zwei ausgemacht: den täuschenden Anschein der Dinge und das Gerede der Leute. Es ist dumm, wenn wir unsere Mängel mit äußeren Umständen zu entschuldigen suchen. Seneca erzählt von einer Sklavin seiner Frau, die, erblindend, den Verlust ihrer Sehkraft auf eine angebliche Finsternis im Hause schob. »Das, worüber wir bei ihr lachen, widerfährt uns allen …«, etwa: Nicht ich bin verschwenderisch, sondern die Stadt erfordert großen Aufwand. Wir täuschen uns in der Erkenntnis der Beweggründe unseres Handelns und machen eher die Welt außerhalb von uns als in uns verantwortlich. Das führt zu der Selbsterkenntnis: »wenn ich mich einmal an einem Narren erheitern will (›si quando fatuo delectari volo‹), brauche ich nicht lange zu suchen: über mich lache ich« (ebd., 50,2 ff.).

Aus dem Einfluss der Meinungen anderer folgen die falschen Vorstellungen über den Wert der Dinge, über Reichtum oder Ruhm als vorgebliche Güter. Der Tugendbegriff der Stoiker ist äußerst anspruchsvoll: Tugend gibt es nicht in der Form des Mehr oder Weniger, sondern des Entweder – Oder. Wer eine hat, hat alle. Das macht tugendhaftes Handeln ebenso schwierig wie selten. Der Weise ist, abgesehen von seiner Sterblichkeit, den Göttern ähnlich. Ist das Ideal des Weisen zu verwirklichen? Weise zu sein, haben die Stoiker für sich selbst nicht in Anspruch genommen. Ein Weiser werde vielleicht, wie der Phoenix, einmal in 500 Jahren geboren, schreibt Seneca an Lucilius (ebd., 42,1). Doch wie kann ein außergewöhnliches, kaum erreichbares Ideal in tägliches Leben übersetzt werden? Während die Stoiker an der Möglichkeit eines gelingenden Lebens in sittlicher Vollkommenheit festhielten, haben viele ihrer Kritiker die Forderung, dem Ideal des Weisen zu folgen, selbst für töricht gehalten: »Was die Stoiker fordern, ist schwer und vergeblich«, bemerkt Pascal in den *Pensées*. »Sie behaupten: Alle, die nicht den höchsten Grad der Weisheit erreichen, sind ebenso töricht wie lasterhaft« (Nr. 134). Wenn aber die Menschen notwendig Toren seien, dann wäre es nur auf eine andere Art töricht, kein Tor zu sein (Nr. 391).

VI Dummheit und Weisheit in der Bibel und in der christlichen Religion

In den jüdischen Weisheitsbüchern (Teil der altorientalischen Weisheitsliteratur) werden soziale Erfahrungen und moralische Nutzanwendungen für die Lebensführung im Rahmen eines religiösen Weltverständnisses mitgeteilt. Die Tugenden zu befolgen ist weise, gut und gottesfürchtig; sie zu verletzen töricht, böse und gottlos. Weisheit wird von Gott belohnt, Torheit bestraft. Im Buch der Sprüche, das zum größten Teil König Salomon zugeschrieben wird, ist die Torheit eine Verführerin: Der Unerfahrene, der sich von ihr betören lässt und ihr Haus betritt, »weiß nicht, dass Totengeister dort hausen, / dass ihre Gäste in den Tiefen der Unterwelt sind« (Spr 9,13 ff.). Dagegen das »Lob der Weisheit« im Buch Hiob (28,23 ff.): »Gott ist es, der den Weg zu ihr weiß, / und nur er kennt ihren Ort. […] Doch zum Menschen sprach er: / Seht, die Furcht vor dem Herrn, das ist Weisheit, / das Meiden des Bösen ist Einsicht.« Weisheit ist gottgegeben, doch göttliche Weisheit ist für den Menschen unermesslich und unerreichbar; sie artikuliert sich für ihn in der Schöpfungsordnung und im Gesetz. Er hat Teil an ihr, indem er dies mit Gottesfurcht erkennt. Menschlicher Verstand allein reicht hierfür nicht aus (Spr 28,26): »Wer auf seinen eigenen Verstand vertraut, ist ein Tor, / wer in Weisheit seinen Weg geht, wird gerettet.«

Die Distanz zwischen göttlicher und menschlicher Weisheit findet ihren vielleicht schroffsten Ausdruck im Buch Kohelet. Der Autor beschreibt seine Bemühungen darum, zu erkennen, was Weisheit und Torheit sind, um Glück und ein gutes Leben zu erringen, als »Windhauch«, als Nichtigkeit. Die Suche nach Weisheit ist ebenso »ein Haschen nach Wind« wie der Versuch mit törichtem Wohlleben durch den Erwerb von Reichtümern und den Genuss aller Freuden. Weiser und Tor unterscheiden sich nur graduell, beide ereilt dasselbe Schicksal: der Tod. Zur göttlichen Weisheit gibt es keine Verbindung. Man kann sich nicht darauf verlassen, dass Weisheit von Gott belohnt und Torheit bestraft wird. Was Gott tut, ist unergründlich; die Widersprüche des Lebens hat er beschlossen, doch ihr Sinn ist jedem menschlichen Verständnis entzogen. Dass an der Stätte des Rechts Gottlosigkeit und Frevel herrschen, dass ein Gerechter zugrunde geht und ein Ungerechter in seiner Bosheit lange lebt, ist unerforschlicher Gotteswille und kann von den Menschen nur hingenommen und ertragen werden. »Was da ist, ist längst mit Namen genannt, und bestimmt ist, was ein Mensch sein wird. Darum kann er nicht hadern mit dem, der ihm zu mächtig ist.« (Koh 6,10) Wo der Mensch mit dem göttlichen Gebot in Konflikt geraten kann, wird zur Vorsicht gemahnt. Man soll nicht zu viele Worte und möglichst keine Versprechungen machen, falls man sie aber gemacht hat, soll man sie halten (Koh 5,1 ff.). Wird im Buch Kohelet von Gottesfurcht gesprochen, so ist eine resignative Angst vor einem willkürlichen und unberechenbaren Gott gemeint (vgl. Lange 1991, 176). Der Autor rät (Koh 7,16): »Sei nicht allzu gerecht und nicht allzu weise, damit du dich nicht zugrunde richtest.« Was bleibt, ist die tägliche Lebensfreude; auch sie ist, wenn gegeben, gottgegeben; ab Koh 2,24 wird sie nicht mehr als Torheit bezeichnet.

Mit der christlichen Religion verschiebt sich das Problem der Vermittlung von göttlicher und menschlicher Weisheit und Torheit. Zu Beginn des ersten Korinther-Briefes (1 Kor 1,18 ff.) spricht Paulus von den Verlorenen, denen »das Wort vom Kreuz« Torheit ist. Ist es nicht Torheit, wenn der Gott seine absolute Vollkommenheit und Unendlichkeit preisgibt und Mensch wird, endlich in Zeit und Raum, getötet am Kreuz, bei alledem doch Gott bleibt und vom Tode aufersteht, um so den sündigen, sterblichen Menschen den Weg zur Versöhnung mit Gott zu öffnen, sofern sie daran glauben und Buße tun? Doch wenn dies Torheit ist, sagt Paulus, ist »das Törichte an Gott [...] weiser als die Menschen«. Es ist »das Geheimnis der verborgenen Weisheit Gottes«, die von menschlicher Weisheit nicht erfasst werden kann; dazu bedarf es des Geistes, »der aus Gott stammt«, des Glaubens an ihn. Darum wird die menschliche Weisheit verworfen, sie ist »Torheit vor Gott«. »Denn da die Welt angesichts der Weisheit Gottes auf dem Weg ihrer Weisheit Gott nicht erkannte, beschloss Gott, alle, die glauben, durch die Torheit der Verkündigung zu retten.« Gott erwählt »das Törichte in der Welt [...], um die Weisen zuschanden zu machen«. Wer sich für weise hält, der werde »töricht, um weise zu werden«. In diesem Quidproquo von Weisheit und Torheit wechseln die Vorzeichen ihrer Wertigkeit, um die Priorität einer anderen Form der Bewusstseinsbildung und Weltzuwendung sicherzustellen: Offenbarung gegenüber Erfahrung, Glauben gegenüber Wissen.

Wie Gott die Toren erwählt und die Weisen verwirft, so erwählt er die Schwachen und Niedrigen und macht die Starken und Hohen zuschanden, »damit kein Mensch sich rühmen kann vor Gott«. Ebendies wäre wiederum töricht. Jesus von Nazareth hielt es mit den Schwachen und Niedrigen. Er stammte aus einer Handwerkerfamilie. Seine ersten Schüler rekrutierte er aus Fischern und Zöllnern. Sie lebten vorwiegend im einfachen Volk, unter Armen und Kranken. Zur Bezeichnung dieser Einfachheit hat die christliche Tradition auf das aus dem Griechischen entlehnte lateinische »idiota« zurückgegriffen. »Idiotae« sind schlichte, wenig gebildete Menschen, ohne Kenntnis der Wissenschaften, oft auch des Lesens und Schreibens unkundig, nur ihrer Muttersprache und nicht des Lateinischen mächtig, Laien im kirchenrechtlichen Sinn. Bei Ilse und Johannes Schneider, die die Bedeutungsgeschichte des »idiota« durch das antike und mittelalterliche Latein verfolgt haben (1981, 111 ff., 132 ff.), lassen sich nur wenige Belege finden, die den »idiota« in die Nähe des Dummkopfs rücken, und wenn, dann werden sie durch Zusätze wie das griechische »elithios« (dumm) oder das lateinische »demens« (unsinnig) gekennzeichnet (ebd., 118, 146).

Mit Attributen wie »Armut«, »Einfachheit«, »naive Frömmigkeit« lässt sich noch für lange Jahrhunderte die Lage der meisten Christen charakterisieren. Die Apostel lieferten das Vorbild, die – wie Petrus und Johannes – den Priestern und Schriftgelehrten als »homines [...] sine litteris et idiotae« galten (Apostelgeschichte 4,13). Augustinus hat in seiner *Enarratio in psalmum* 65 auf die Frage, warum Jesus den Zöllner Matthäus und nicht Nathanael unter seine ersten Schüler aufnahm, geantwortet, Nathanael sei ein »Schriftgelehrter« (»doctus in lege«) gewesen. Zuerst habe Jesus »idiotas« ausgewählt. Nicht sollte das Lob Gottes durch das Lob des menschlichen Wissens geschmälert werden. Die Dreiheit des Geistes: Erinnerung, Einsicht und Wille, sei nicht deshalb Bild Gottes, weil der Geist sich seiner erinnert, sich einsieht und liebt, sondern weil er zu erinnern, einzusehen und zu lieben vermag, von dem er geschaffen ist. »Wenn er dies tut, wird er selbst weise. Tut er es nicht, dann ist er, auch wenn er sich seiner erinnert, sich einsieht und liebt, töricht« (*De trinitate* XIV,12.15).

Dass ausgerechnet »idiotae« die Wahrheit über Gott und die Welt zu wissen beanspruchten, war ein Vorwurf gebildeter Nicht-Christen, mit dem sich die apologetische Literatur des frühen Christentums auseinandergesetzt hat. Im *Octavius* von Minucius Felix (vermutlich in der ersten Hälfte des 3. Jahrhunderts n. Chr. entstanden) empört sich der Nicht-Christ Caecilius über die Leute, die ohne Bildung und Kenntnis der Wissenschaften es wagen, etwas Sicheres über das Ganze der Welt zu sagen (5,4). Er empfiehlt ihnen, sich auf das »unmittelbar vor Augen Liegende« zu beschränken (»satis est pro pedibus aspicere«, 12,7); wenn schon philosophiert werden müsse, solle man sich an Sokrates und seine Einsicht halten, »daß er nichts wisse. So liegt im Eingeständnis der Unwissenheit die höchste Weisheit« (13,1 f.). Der Christ Octavius entgegnet, »daß alle Menschen, ohne Unterschied des Alters, Geschlechtes und Ranges, erschaffen sind im Besitz und zum Gebrauch von Vernunft und Bewußtsein« (16,5). Und obwohl ihm viel an Übereinstimmungen von christlicher Religion und vor-christlicher Philosophie liegt, ist ihm Sokrates nur der »scurra Atticus«, der attische Narr (38,5) – eine Bosheit, die Cicero (vgl. dessen *De natura deorum* 1,93) dem Epikuräer Zenon von Sidon zugeschrieben hat. Octavius setzt der sokratischen Einsicht »unsere Weisheit« entgegen, die wir nicht »zur Schau«, sondern »im Herzen« tragen.

Ironischerweise kehren die Vorbehalte gegen die »idiotae«, »illitterati«, »imperiti« (Ungebildete, Unwissende) mit der Ausbreitung und Festigung des Christentums auf der Seite der institutionalisierten Kirche und ihrer elaborierten Theologie wieder: als Sorge um die richtige Auslegung der kanonischen Schriften und daraus abgeleitete Vorgaben fürs Denken und Handeln, gegen (womöglich aus Naivität oder Übereifer erwachsende) Abweichungen oder Abfallbewegungen. Grundmann hat gezeigt (vgl. 1958, 1 ff.), wie sich im Laufe des Mittelalters »clerici litterati« und »laici illitterati« als feste Gleichungen etablierten, wobei der Laien-Status bis hinauf in den Königsrang reichte. Eine im 12. Jahrhundert beliebte Redensart lautete: »rex illitteratus asinus coronatus«, d. h. der des Lesens und Schreibens unkundige König ist ein gekrönter Esel (etwa bei Johannes von Salisbury im 4. Buch des *Policraticus*). Der anglowalisische Hofbedienstete Walter Map beklagte in *De nugis curialium* (»Höfische Belustigungen«, I,10; gegen Ende des 12. Jahrhunderts geschrieben), dass die Adligen es für unwürdig halten oder zu träge sind, ihren Kindern die »litterae« nahezubringen, »obwohl doch nur Freien es rechtens zusteht, die ›artes‹ zu lernen, darum heißen sie ›artes liberales‹« (eines Freien würdig). Die ›servi‹ aber, Knechte, Unfreie, Landleute (»quos vocamos rusticos«), »bemühen sich, ihre ehrlose und unwürdige Nachkommenschaft in den ihnen nicht gemäßen ›artes‹ erziehen zu lassen, nicht um die eigenen Mängel zu überwinden, sondern um Reichtümer aufzuhäufen, je gescheiter sie werden, desto schädlicher«. »Artes enim gladii sunt potentum« – die »artes« nämlich sind die Schwerter der Mächtigen. Grundmann übersetzte mit Vorgriff auf Francis Bacon: »Denn Wissen ist Macht«. »Redimunt suos a dominis servi« – die »servi« machen sich und ihre Leute von den Herren frei, die Habgier kämpft und siegt, wenn Freiheit dem Feind der Freiheit preisgegeben wird. Walter Map beschwor eine »verkehrte Welt«, in der der Adel (im Gegensatz zu den Unfreien) die Wissenschaften vernachlässigt und so seine gesellschaftliche Stellung schwächt.

Dass es dumm sei, sich außerhalb der gott- und naturgegebenen Ordnungen zu begeben, ist die Botschaft des *Speculum stultorum* des anglo-normannischen Priesters Nigellus de Longchamps (vor 1180 geschrieben). Ein Esel namens Burnellus wünscht sich einen längeren Schwanz und konsultiert deshalb einen Arzt. Der rät ihm ab, das sei gegen die Natur; sein Schwanz sei ganz in Ordnung, selbst König Ludwig in Frankreich und seine Geistlichen könnten sich nicht mit ihm messen (V. 201 f.). Als der Esel störrisch auf seinem Wunsch beharrt, schickt ihn der Arzt nach Salerno, im Mittelalter eine Hochburg der Medizin, mit dem hinterhältigen Auftrag, fiktive Heilmittel zu beschaffen. Der Esel wird mit Fälschungen betrogen. Auf dem Heimweg fällt er unter die Hunde, die ihn der Hälfte seines Schwanzes berauben. Er beschließt, an der Pariser Universität die »artes liberales« zu studieren. Doch auch nach sieben Jahren bleibt die Kluft zwischen natürlichem Ausdrucksvermögen (»I – A«) und wissenschaftlichem Lernen unüberbrückbar. Der Esel resigniert (V. 2007 f., 2013 f.):

>»Vieles zu wissen und falsch zu verstehen, dem Wissenden
>   ist das
>Nicht Ehre, sondern nur Last, daß ich die Wahrheit gesteh […]
>Gewaltig erregt mich dazu, daß den Tod durchaus
>   keine Weisheit
>Von aller seiner List abzubringen vermag.«

Den Esel drängt es, in ein Kloster einzutreten, »damit seine Seele ins Heil einzugehen vermöcht« (V. 2022). Nach Prüfung der verschiedenen Orden will er einen eigenen gründen. Bevor er sich auf den Weg nach Rom machen kann, um seinen Orden vom Papst genehmigen zu lassen, wird er jedoch von seinem alten Eigner eingefangen und wieder seiner ursprünglichen Bestimmung, Lasten zu tragen, zugeführt. Die Lehre (V. 3887 ff.):

>»Gegen Natur und Geschick kann niemand etwas erreichen,
>Niemand gegen die zwei etwas verrichten und tun.
>Burnellus bezeugt das ja gut, der um Törichtes kräftig
>   sich mühte,
>Dennoch immer nur blieb, was er schon ehedem war.«

VII Dummheit als Stumpfheit des Herzens – Thomas von Aquin

Eine der großen Synthesen des Wissens im Mittelalter ist die *Summa theologica* des Thomas von Aquin. In ihr findet auch »stultitia«, die Dummheit (bzw. Torheit in der Übersetzung), ihren Platz. Thomas behandelt sie in der Quaestio 46 des zweiten Teils des zweiten Buches und untersucht in drei Artikeln die Fragen, 1. ob die Torheit der Weisheit entgegengesetzt ist, 2. ob die Torheit Sünde ist und 3. ob die Torheit eine Tochter der Genusssucht (»luxuria«) ist. Alle drei Fragen werden (gegen verschiedene Einwände, die hier beiseite gelassen werden können) positiv beantwortet:

1. Torheit ist das Gegenstück zur Weisheit (ihr hat Thomas die der »stultitia« vorangehende Quaestio 45 gewidmet, auf die noch zurückzukommen ist). Zur Bestimmung des Begriffs zieht er die um 620 bis 630 n. Chr. geschriebenen *Etymologiae* des Isidor von Sevilla hinzu: »›Torheit‹ scheint von Stumpfheit genommen zu sein. Deshalb sagt Isidor: ›Töricht ist der, der wegen seiner Stumpfheit nicht berührt wird‹ (›Stultus est qui propter stuporem non movetur‹).«

Zwei etymologische Ableitungszusammenhänge werden hier ineinander geschoben: der von »stultus« und »stolidus« und der von »stupiditas« und »stupor« (vgl. Isidor, *Enzyklopädie* X,246, 248). Letzterer nährt das Verständnis von Dummheit als »Gefühllosigkeit des Herzens und Stumpfheit der Sinne«, »Stumpfheit im Urteilen«, ein Versagen vor allem »im Urteil über die höchste Ursache«, also Gott. (Ein Versagen im Urteil »über geringfügige Dinge« macht noch nicht dumm.) Demgegenüber gibt es »eine gute Torheit« (»stultitia bona«), die als Verachtung des Irdischen zur Weisheit vor Gott wird. Mit Isidor (X,103) unterscheidet Thomas »stultitia« von »fatuitas« (Blödheit): letztere »besagt den völligen Mangel geistiger Aufnahmefähigkeit«, sie ist wie die Geisteskrankheit (»amentia«) ein »naturhafter Mangel« und damit keine Sünde. Dem »Blöden fehlt der Sinn für das Urteil; der Tor hat ihn zwar, aber abgestumpft; beim Weisen hingegen ist er fein und durchdringend«.

2. Torheit ist Sünde »dadurch, daß der Mensch seinen Sinn in die irdischen Dinge versinken läßt, wodurch sein Sinn unfähig wird, das Göttliche zu vernehmen [...]. Wenn auch keiner die Torheit will, so will er doch das, woraus das Törichtsein folgt: er will seinen Sinn vom Geistigen abwenden und in das Irdische versinken lassen.«

3. Torheit ist eine Tochter der Genusssucht: »Die Torheit kommt, soweit sie Sünde ist, daher, daß der geistige Sinn abgestumpft ist, sodaß er nicht mehr fähig ist, die geistigen Dinge zu beurteilen.« Hier wirkt in besonderem Maße die Genusssucht, »die auf die größte Lust aus ist, durch die die Seele am stärksten gefesselt wird«.

Der Torheit ist die Weisheit (»sapientia«) entgegengesetzt. Sie ist »eine Gabe des Heiligen Geistes«. Zum Weisen gehöre es, »die höchste Ursache zu betrachten, von der aus alles andere mit höchster Gewißheit beurteilt wird und nach welcher alles andere geordnet werden muß«. Es gibt bereichsspezifische Weisheiten, etwa in der Heilkunde oder in der Baukunst; umfassend aber ist die gottbezogene Weisheit, die »alles nach göttlichem Richtmaß beurteilen und ordnen«, also auch die menschlichen Handlungen leiten kann. Wer diese verfehlt, verfällt einer »schlechten Weisheit«, die im ersten Korinther-Brief als Weisheit dieser Welt und Torheit vor Gott bezeichnet worden war, »weil sie als höchste Ursache und letztes Ziel ein irdisches Gut nimmt«, etwa die Vorrangstellung der eigenen Person. Letzteres ist »teuflische Weisheit«, die die Sünde des Stolzes erfüllt, wenn jemand, was er von Gott hat, sich selbst zuschreibt und unter Verachtung anderer sich als einzigartig ansieht. Weisheit und Wissenschaft unterscheidet Thomas mit Augustinus (vgl. *De trinitate* XIV,1.3): »Das Wissen von den göttlichen Dingen im eigentlichen Sinne nennt man Weisheit, das von den eigentlich menschlichen Dingen erhält die Bezeichnung Wissenschaft« (*Summa theologica* II–II,9,2).

Der Gegensatz von Weisheit und Torheit wird ergänzt durch den von Klugheit und Unklugheit (»prudentia« – »imprudentia«) in den Quaestiones II–II,47 ff.: Klug ist – mit Isidor (X,201) –, »wer gleichsam weit sieht; denn er hat einen durchdringenden Blick und sieht das Eintreffen des Ungewissen«. Zur Klugheit gehört, dass man »Zukünftiges aus Gegenwärtigem oder Vergangenem erkennt«. Sie ist »rechte Maßgabe der Vernunft im Bereich der Handlungen« und hat »gebietenden Charakter«. Klugheit soll nicht nur dem »Einzelwohl eines Menschen«, sondern auch dem »Gemeinwohl der Menge« dienen. Letzteres ist »staatsbürgerliche Klugheit«, die (allerdings hierarchisch differenziert) nicht nur dem Fürsten, sondern auch den Untergebenen zukommt, da jeder vernunftbegabte Mensch »an der Herrschaft aufgrund des Urteilsvermögens der Vernunft teilhat«. Von der Weisheit unterscheidet sich die Klugheit, insofern als die Weisheit »die höchste Ursache schlechthin« betrachtet, und die Klugheit die »höchste Ursache im Bereich der menschlichen Handlungen«. Unter der Unklugheit versteht Thomas zum einen »die Laster, die aus dem Mangel an Klugheit oder an dem, was zur Klugheit erforderlich ist, herrühren«, zum andern »die Laster, die eine trügerische Ähnlichkeit mit der Klugheit haben, nämlich solche, die durch Missbrauch dessen eintreten, was zur Klugheit erforderlich ist«. Unklugheit (als Mangel an Klugheit) ist nicht »bloßes Fehlen von Klugheit«, sondern mehr, ist »Beraubung«, wenn jemand sich nicht um Klugheit bemüht, zu der er fähig ist, und »Gegensatz«, wenn »die Vernunft in einer der Klugheit entgegengesetzten Weise bewegt wird«. Thomas hält Unklugheit für eine Sünde, da das Handeln gegen die Klugheit ein »Versagen in einer Tätigkeit der leitenden Vernunft« ist und die Orientierung auf das sittliche Leben verletzt. Sünde sind insbesondere Laster, die der Klugheit ähnlich, aber auf »Schlechtes«, auf »Güter der Welt oder des Fleisches« als letztes Ziel des Lebens gerichtet sind und dies auf Wegen der Täuschung und des Scheins zu erreichen suchen. Das Ersinnen solcher Wege ist »Verschlagenheit«, das Einschlagen solcher Wege »List« und »Betrug«.

Eine eigene Quaestio (I–II,76) widmet Thomas der »ignorantia«. Darunter versteht er mehr als das bloße Fehlen von Wissen: »Ignorantia« ist ein Mangel an Wissen, »das man haben muß«, um seine Pflichten im täglichen Leben, die Glaubenswahrheiten und Rechtsvorschriften vorgeben, richtig zu erfüllen. Wer aus »ignorantia« nicht pflichtgemäß handelt, begeht eine Unterlassungs-Sünde, von der nur derjenige entlastet ist, der keine Möglichkeit hatte, das notwendige Wissen zu erwerben. Falls aus Nachlässigkeit oder gar bewusst willentlich das notwendige Wissen nicht angeeignet wird, ist »ignorantia« Sünde.

Das Streben nach Wissen, das Bemühen um Erkenntnis, ist für Thomas eine Tugend, aber er möchte sie in gezügelter Form: Der Mensch soll »nicht maßlos der Erkenntnislust [...] frönen«. Andererseits hält ihn seine körperliche Natur dazu an, »die Mühsal der wissenschaftlichen Forschung zu meiden«. Gegen dieses Hindernis soll er durch »energische Hinwendung zur wissenschaftlichen Arbeit« angehen. Die Tugend der »studiositas« darf nicht in das Laster der »curiositas« (Neugier) umschlagen (II–II,166 f.). »Curiositas« ist ein missbräuchliches »Bemühen um Erkenntnis«, »wenn sich jemand durch das Studium einer wenig nützlichen Sache dem entzieht, zu dem er notwendig verpflichtet ist« (indem er etwa Komödien liest anstatt das Evangelium), »wenn sich einer Wissen verschaffen will von jemandem, der hier nicht in Frage kommen darf« (etwa durch magische Dämonen-Beschwörung), oder wenn einer »nach Wissen über die Schöpfung strebt«, ohne es zu ihrem Schöpfer ins Verhältnis zu setzen. Thomas zitiert die Kirchenväter Hieronymus und Augustinus und bringt mit ihnen die Naturforscher ins Spiel, die mit den Augen über den Himmel hinausschauen wollen und über ihn reden, als ob sie ihn bereits bewohnten.

Es war die Umwertung der »curiositas« von einer Torheit in eine notwendige, der Welt zugewandte wissenschaftliche Haltung, die zu einem der entscheidenden Motive auf dem Weg in die Moderne wurde.[1]

---

1 Zu Thomas von Aquins Dummheitsverständnis vgl. Annie Kraus, *Über die Dummheit* (1948), umgearbeitete und erweiterte Auflagen 1961 und 1971.

VIII Soziale Brechungen der Dummheit
im Mittelalter

Über die theologisch-moralische Bedeutung der Dummheit als Sünde (der Gottesferne, des Sich-Verlierens an die Welt) hinaus werden in der Literatur des Mittelalters dem Begriff weitere Bedeutungen zugeschrieben. Sie mussten sich dort einstellen, wo christlicher Lebensentwurf und Ansprüche feudal-adliger Weltzuwendung in Spannung zueinander traten. Das führte zu scharfer Kritik an den politisch-sozialen Realitäten, etwa im *Policraticus* des Johannes von Salisbury: Die »untauglichen Könige [...] gehen nämlich entweder durch das Schwert hinüber oder sie vernichten sich durch ihre Dummheit [...], weil in der Unterdrückung des Volkes die Stärke des Fürsten an Kraft verliert« (5,VI). Das motivierte aber auch Versuche, über die Entwicklung kulturell-moralischer Ideale zu einem Ausgleich zwischen christlichen und profanen Lebensansprüchen zu kommen. Es hat viele Entwürfe höfischer Kultur-Ideale gegeben, Verhaltenslehren und Erziehungsprogramme. »Gib mir, lieber Vater, die richtige Definition, was Adel heißt!« bittet ein Sohn in der *Disciplina clericalis* des spanischen Arztes Petrus Alfonsi (Anfang des 12. Jahrhunderts). Und der Vater erklärt, er solle einen Mann nehmen, »der in den sieben freien Künsten ausgebildet, in den sieben Regeln des guten Benehmens erzogen und in den« sieben ritterlichen Fertigkeiten geübt ist«. Den halte er für vollendet adlig. Zum guten Benehmen gehöre, dass man nicht zu viel essen und trinken, nicht ausschweifend, gewalttätig, lügnerisch und geizig sein und keinen schlechten Umgang haben dürfe. Zu den Fertigkeiten zählen »Reiten, Schwimmen, Bogenschießen, Boxen, Jagen, Schachspielen, Verse machen«. Einen so gebildeten Adel gebe es gegenwärtig nicht, sagt der Sohn.

Für eine ideale höfische Kultur müssen, so Wolfram von Eschenbach am Ende des *Parzival*, die Gebote Gottes und die Anforderungen der Gesellschaft vereint erfüllt werden: »Wer am Ende seines Lebens sagen kann, daß er seine Seele Gott bewahrt und sie nicht durch Sündenschuld verloren hat, und wer es außerdem versteht, sich durch würdiges Verhalten die Gunst der Menschen zu bewahren, der hat seine Mühen nicht vergebens aufgewandt« (V. 827,19 ff.). Die Entwicklung dorthin ist ein langer und mühevoller Weg aus »tumpheit« und »torheit« heraus. Parzival wächst in der Einsamkeit eines Waldes auf, weitab von der höfischen Welt, weil seine Mutter Herzeloyde ihn vor dem Schicksal des Vaters, dem Tod im ritterlichen Kampf, bewahren will, doch vergebens. Als er eines Tages im Wald Rittern begegnet, verlangt er, diese Welt kennenzulernen. Seine Mutter kann ihn nicht umstimmen und versucht es mit einer List: Sie stattet ihn mit einer Schindmähre und mit »tôren cleit« aus, in der Hoffnung, dass er, überall verlacht und verprügelt, zu ihr zurückkommen werde (V. 126,22 ff.). Sie muss ihn ziehen lassen und stirbt vor Schmerz. Parzival ist der »tumbe«, »der tumpheit genôz«, »der tumbe man«, weltfremd, ohne höfische Erziehung, der die Ratschläge seiner Mutter naiv allzu wörtlich nimmt und damit Leid über die ihm Begegnenden bringt, der etwa um einer Rüstung willen einen Ritter tötet. Der Mangel an Erziehung lässt ihn Schuld auf sich laden. Dass sie ihm auf der Burg von Gurnemanz zuteilwird (V. 170,7 ff.), tilgt nicht die alte Schuld und bewahrt nicht vor neuer. Die Lehren der höfischen Kultur sind notwendig, doch unvollständig: sie schützen nicht vor Verhärtung des Herzens und vor Selbstüberhebung (»hôchvart«), nicht vor der Abkehr von Gott (V. 332,1 ff.). Dieser »tumpheit« wird Parzival erst beim Einsiedler Trevrizent inne; dort lernt er, was Demut und Mitleiden heißt, was christlich verstandene Liebe gebietet, und nimmt »Buße für seine Missetaten« (V. 499,27) auf sich. Die Mitleidsfrage an den verwundet-siechenden Anfortas: »Oheim, was fehlt dir?« (V. 795,29) macht schließlich den Weg frei vom Artusritter zum Gralskönig.

Jost Trier hat mit der Untersuchung des deutschen Wortschatzes für den Vernunft- und Verstandesgebrauch im Mittelalter (»sin«, »witze«, »wisheit«, »kunst«, »list« usw.) auch dessen negative Formen der Verfehlung thematisiert (1931; 1973). Jene beiden Bedeutungen von »tumpheit« in Wolframs *Parzival*, die »tumpheit« der Sünde und die »tumpheit«, sich nicht in der höfischen Welt bewegen zu können, werden generell für die mittelhochdeutsche höfische Epik bestimmend: »tump« und »tumpheit« stehen für Vermessenheit, frevelhafte Überhebung,

Abwendung von Gott, und für Unerfahrenheit, Unbelehrtheit, Unerzogenheit, Unkenntnis. Tor dagegen ist ein Mensch mit »dauernder oder vorübergehender Störung der witze«, also des Geistes (ebd., 340). Die Toren sind am Rande der Gesellschaft stehende oder aus ihr ausgeschlossene Menschen, zuweilen durch besondere Kleidung gekennzeichnet. Schließlich werden in der Bedeutung von Unreife, Einfalt, auch von Unbesonnenheit und geringer Urteilsfähigkeit »tump« und »tôr« synonym verwendet: »ich was ein tôre und niht ein man, / gewahsen niht bî witzen«, sagt Parzival zu Orilus (V. 269,24 f.). Unerfahrenheit und Unreife überschneiden sich.

Der höfischen Welt entgegengesetzt sind die geknechteten Bauern, die – aus der Perspektive des Adels, dann auch des frühen städtischen Bürgertums – als roh, grob, einfältig und ungesittet abgewertet werden. Der Gegensatz knüpft an antike Texte der Herrschaftslegitimation und der Rhetorik an. Aus dem Wortfeld des Ländlichen, Dörflichen, Bäurischen sind weitere Bezeichnungen des Dummen hervorgegangen: aus lat. »colonus« und frz. »colon« der englische »clown«; aus mnl. »dorpere« und mhd. »dörper« der neuhochdeutsche »Tölpel«. Doch nicht nur bodenlose Dummheit prägt das Bild des Bauern, sondern auch bodenständige Klugheit. Während des Mittelalters war die Erzählung von König Salomon und Bauer Markolf beliebt in lateinischen und volkssprachlichen Fassungen, in Prosa und in Versform. Dem König Salomon, dem Weisen schlechthin, tritt der Bauer Markolf zu einem Wettstreit in Rede und Gegenrede gegenüber. Die Weisheitssprüche Salomons kontert Markolf schlagfertig mit Sentenzen, die die idealischen Einsichten und Normen an alltäglichen Lebensbedingungen brechen, etwa (in der Version des Fastnachtspiels von Hans Folz):

»Salomon: Zu weißheit hat uns got erwelt.
Markolffus: Der ist weyß, der sich für ein narrn zelt.
Salomon: Markolff, niemant geb im selber lob!
Markolffus: Schilt ich mich, man spricht, ich tob.
Salomon: Heimlicher schad ist pesser vil
Dann offne schand; wer es mercken wil.
Markolff: Je lenger man den dreck versperrt,
Je vester er herfur begert.«

VIII Soziale Brechungen der Dummheit im Mittelalter   45

Der Bauer behält stets das letzte Wort, und der König gibt endlich auf. Was macht hier den sozial Unterlegenen überlegen? Ist es eine andere Art von Weisheit, an der deutlich wird, dass Salomons Weisheit nicht genügt, um durch das Leben zu kommen? Bedarf es dazu einer spontan-situativen Treffsicherheit im Denken und Handeln, die sich nicht auf vorgegebene Normen verlassen kann? Aus sozialen Differenzen ergeben sich nicht einfach mehr oder weniger Weisheit und Handlungsfähigkeit, sondern unterschiedliche Mischformen von beidem. Jedoch zeigt sich auch, dass Schlauheit in Täuschung und Betrug umschlagen kann. Um seine Frauenfeindlichkeit gegen Salomons Frauenlob durchzusetzen, intrigiert Markolf gegen seine Schwester und wiegelt mit erfundenen Behauptungen die Frauen gegen den König auf. Derlei Hinterlisten veranlassen den König, Markolf zum Tod durch den Strang zu verurteilen. Der erbittet als letzte Gnade, sich den Baum selbst aussuchen zu dürfen. Im Volksbuch (und anderen Fassungen der Geschichte) zieht er mit den Henkern durchs Land und findet natürlich keinen Baum, der ihm passt. An den Hof Salomons zurückgekehrt, gewährt ihm der ein Gnadenbrot. Im Fastnachtspiel verschwindet er einfach; der Henker meldet:

> »Konick, der Markolff ist uns entslupft,
> Auß unser panden gantz gehupft.
> Niemand weis, wo er hin ist kumen.
> Wir mein, in hab der teufel uns genumen.«

Markolf aber tritt am Ende des Spiels, als Pilger verkleidet, noch einmal vor das Publikum. Er habe sich des Beistands dreier Heiliger versichert: »Sant Schweinhart«, »Sand Merdum« und »Sand Maulfranck«, in deren Namen er um ein Almosen bittet. Angesichts der Anrufung dieser merkwürdigen »Heiligen« hat man von einer »Parodie der Heiligen-Predigt« gesprochen, die am Schluss des Stückes dessen Kontext pointiert: die Fastnacht (vgl. Catholy 1961, 124).

IX Institutionalisierungen der Dummheit

»Denken entstand im Zuge der Befreiung aus der furchtbaren Natur«, heißt es in der *Dialektik der Aufklärung* von Horkheimer und Adorno (1947; 1969, 113). Natur ist nie gänzlich beherrschbar; in ihr durchbrechen wirkungsmächtige, menschliches Kontrollvermögen übersteigende Kräfte dessen Ordnungen, ebenso furchterregend als Gewalten, wie ersehnt als Erneuerungen des Lebens. Dazu haben sich die Menschen von frühauf ins Verhältnis zu setzen gesucht: um im Modus mimetischer Anverwandlung eine Welt jenseits aller Ordnung zu beschwören, um ihre Gefahren zu bannen und sich mit ihren Kräften der Regeneration zu verbünden. Das ist die Welt der Feste, der Selbstentsicherung und der kollektiven Exzesse, des Bruchs der Verbote, der Verkehrung der Verhältnisse. Horkheimer und Adorno zitieren die »Théorie de la Fête« von Roger Caillois: das Fest als »Paroxysmus der Gesellschaft«, als Aufhebung der Ordnung mit ihren Grenzen und Unterscheidungen, aus der die Ordnung neu belebt hervorgeht, gefeiert zu Zeiten, in denen die Vegetation stirbt und wiedergeboren wird. Im Rausch der Ekstase, in der Verschwendung der Güter, in der Verschmelzung der Leiber bekräftigt die Gesellschaft ihren Bestand und Zusammenhalt (1940; 2012, 555 ff.). Die Geschichte des Festes ist dann eine seiner Profanisierung und Domestizierung: Es wird als zeitweiliges Zugeständnis an eine nicht gebändigte Natur in einen zunehmend rationalisierten Alltag eingefügt.

In Vergils *Aeneis* (8,314 ff.) erfährt der Held aus der Vorgeschichte seiner zukünftigen Heimat, dass diese einst von mühsam sich nährenden Sammlern und Jägern bewohnt war. Mit der Ankunft des von Jupiter vertriebenen Saturn begann eine »goldene Zeit«, in der freundlicher Friede und allen gemeinsamer Besitz herrschten, bis ein »eisernes Geschlecht« das Land mit »Raserei des Krieges« und »Gier nach Besitztum« überzog. Auf Erzählungen dieser Art haben die Römer das (zunächst eintägige, später auf drei, dann sieben Tage ausgedehnte) Saturnalienfest im Dezember zurückgeführt. Über Herkunft und Be-

deutung des Festes unterrichtet Macrobius in den *Saturnalia*
(um 400 n. Chr.), einem Symposion, dessen Gastgeber Prae-
textatus zu berichten weiß, dass es unter der Regierung Sa-
turns, des Erfinders des Feld- und Gartenbaus, keine soziale
Spaltung in Freie und Sklaven gab (1,7,26), kein Privateigentum
und keinen Diebstahl; vielmehr gehörte allen alles (1,8,3). Dies
feiern Herren und Sklaven an den Saturnalien; ja, die Herren
warten beim Mahle den Sklaven auf. Den Sklaven ist »jeglicher
Übermut erlaubt« und gemeinsam beginnen sie das Fest am
Tempel des Saturn mit einem »zügellosen Gastmahl«. Im Ge-
denken an eine imaginäre »goldene Zeit« wird die gegenwärtige
Ordnung aufgehoben – für die Dauer des Festes. Dass auch diese Aufhebung imaginär bleibt, zeigt Horaz, ironisch gebrochen,
in der Satire 2,7: Er lässt seinen Sklaven Davus, das Saturnalien-
Recht der freien Rede gegen den Herrn einräumend, die Ur-
sprungs-Erzählung der Saturnalien sich, dem Herrn, als Heuchelei um die Ohren hauen:

> »[…] Du lobst die Sitten und
> das Glück des guten alten Volks von ehmals,
> und doch, wenn dich ein Gott auf einmal in
> dies große Glück versetzen wollte, würdest du
> dich sehr dafür bedanken: zum Beweis, daß du
> nicht fühlst, daß jenes besser sei, was du
> für besser ausrufst, oder weil es dir
> an Stärke fehlt, dem Bessern treu zu bleiben;
> kurz, weil du schon zu tief im Sumpfe steckst,
> um dich herauszuziehn […].«

Am Ende wirft der Herr den allzu freimütigen Sklaven zur Tür
hinaus.

Das zur Zeit des Macrobius erstarkte Christentum hat die römischen Feste und Spiele abgelehnt. Tertullian bemerkt im
Apologeticum 197 n. Chr., er meide die Saturnalien und Libera-
lien (zu Ehren des Liber Pater, d. i. Bacchus) (42,4 f.). In *De spec-*
taculis um 200 n. Chr. spricht er von diesen Festen als »Blendwerk des Teufels« und »Götzendienst«, den Begierden der Welt
zugehörig. Sie würden nur Leidenschaften der Raserei und Un-
zucht befeuern: »Genusssüchtig bist du, Christ, wenn du auch

in dieser Welt Vergnügen begehrst, oder vielmehr ein ziemlicher Dummkopf , wenn du das für Vergnügen hältst« (28,3). Tertullian empfiehlt, das christliche Leben selbst als »heiliges, ewiges und unentgeltliches Schauspiel« zu führen (29,3 ff.). Was für ein Schauspiel werde aber erst das letzte Gericht bieten, wenn Könige und falsche Götter in der Finsternis aufstöhnen, die weisen Philosophen und ihre Schüler im Feuer brennen und die Tragödiendichter angesichts ihres eigenen Unglücks noch stimmgewaltiger sein werden (30)! Die Mahnung vor den falschen Vergnügungen rechnet mit dem Fortbestand der Problematik des Festes als befristet aufgelöster Ordnung; sie kehrt in christlichen Formen wieder:

Im Rahmen der christlichen Feiern, Gottesdienste, Prozessionen und anderer liturgischer Praktiken haben sich über das Mittelalter zwischen Weihnachtsfest und Epiphanie (6. Januar) Festformen entwickelt, die unter dem Namen »festum stultorum« (oder »fatuorum«), »fête des fous«, »feast of fools«, »Narrenfest« zusammengefasst wurden. Jacques Heers (1986, 121 ff.) hat geltend gemacht, dass in ihnen ursprünglich nicht der Narr oder die Narrheit erhöht, sondern (anlässlich der Geburt Jesu von Nazareth) kindliche und soziale Schwachheit im gesellschaftlichen Gefüge gestärkt werden sollten. Motive des Närrischen haben sich freilich im Laufe der Zeit damit verbunden. Es waren die niederen Kleriker, Subdiakone und Chorknaben, die die kirchlich-rituellen Ordnungen verkehrten. Als dies längst verboten und aus den Kirchen verbannt war, hat im 18. Jahrhundert der Chevalier de Jaucourt im 6. Band der von Diderot und d'Alembert herausgegebenen *Encyclopédie* unter dem Stichwort »Fête des fous« einiges Material aus zeitgenössischen Berichten zusammengestellt (1756; 1967, 573 ff.): In den Kirchen wurde ein Narren-Bischof (oder Narren-Papst) eingesetzt. Diese »Kirchenfürsten« zelebrierten in vollem Ornat den Gottesdienst und gaben dem Volk ihren Segen. Sie wurden von einer ausgelassenen Priesterschaft begleitet, ausstaffiert wie im Maskenzug, das Gesicht verschmiert, um Furcht oder Gelächter zu erregen. War die Messe gelesen, sprangen und tanzten alle durch die Kirche, sangen anstößige Lieder, tafelten und würfelten auf dem Altar. Dann zogen sie auf Pferdekarren durch die Straßen, beladen mit Unrat, mit dem sie das Volk am Straßenrand bewarfen. Das närrische Treiben in und vor den Kirchen war heftig umkämpft, solange es praktiziert wurde. De Jaucourt zitiert das Verdikt der theologischen Fakultät der Pariser Universität von 1444, das das Narrenfest als Heidentum und Götzendienst verurteilte, und auch die Rechtfertigung der Verteidiger: »Narrheit gehört zu unserer Natur und scheint uns angeboren. Sie wird eingedämmt, wenn wir sie wenigstens einmal im Jahr behutsam beleben. Weinfässer bersten, wenn man nicht ihr Spundloch öffnet und Luft hineinlässt: Wir sind schlecht gebundene Fässer, die der starke Wein der Weisheit sprengen würde, wenn wir ihn durch fortwährende Frömmigkeit gären ließen. Man muss also gelegentlich Luft an diesen Wein lassen, aus Sorge, dass er nicht verlorengeht und unnütz vergossen wird« (ebd., 574; zu neueren Arbeiten zum Thema vgl. Velten 2005, 201 ff.; Harris 2009, 77 ff.)

Lässt sich diese spätmittelalterliche Version einer Ventilfunktion befristeter Zulassung von Narrheit auf den Karneval beziehen? Die christliche Kirche hat das Karnevalsfest in ihren Kalender auf die Fasten- und Osterzeit hin, zur Befestigung des Glaubens an das göttliche Opfer- und Heilsgeschehen eingebunden. In diesem Licht erscheint der Karnevalsnarr als sündig und der Welt verfallen, der Karneval als vergänglich-nichtiges Treiben, als »verkehrte Welt«, die durch eine gottesfürchtige Lebensführung überwunden wird.

Mit Blick auf die konfessionellen Spaltungen des Christentums seit dem 16. Jahrhundert ist geltend gemacht worden, dass der Karneval ein katholisches Fest war und ist. Die Möglichkeit der Wahl zwischen gegensätzlichen, am Diesseits und am Jenseits orientierten Lebensweisen werde im Protestantismus bestritten, für den der Christ als Sünder nur durch Glaube und Gnade gerettet werden könne (vgl. Moser 1990, 108). Bislang hatten die Nicht-Christen, Juden zumal, die Christlichkeit des Karnevals zu spüren bekommen (vgl. Mezger 1991, 40 ff.). Nun trägt das Christentum seine Spaltungen und Gegensätze auch im Karneval aus. Der Protestantismus hat, gerade zu Beginn seines Kampfes gegen die römisch-katholische Kirche, sich karnevaleske Anlässe und Formen zunutze gemacht. Seinerseits Herausforderung der etablierten Kirche, wollte er Widerstand und Normbruch, wo sie sich im Karneval gegen ihn selbst richteten (wie beim Nürnberger Schembartlauf 1539) nicht mehr dulden (Scribner 1984, 117 ff.; Mezger 1991, 511, mit Beispielen, die die »Faustregel von der strengen Konfessionsgebundenheit der Fastnacht« einschränken).

Über den christlich gezähmten Karneval hinaus waren Narrengesellschaften bei allen Gelegenheiten, die der jährliche Festkalender oder familiäre Ereignisse wie Hochzeiten boten, wirksam: in Gestalt von (männlichen) Jugendbünden, Nachbarschaftsgruppen, Zünften. Sie gaben sich Hierarchien und inszenierten Rituale, die die gesellschaftlich geltenden parodierten; sie organisierten Umzüge, Wettkämpfe, öffentliche Verspottungen (»Charivari«), nicht zuletzt, um gegen Verletzungen von Ordnungs- und Gerechtigkeitsvorstellungen zu protestieren. Nicht selten schlugen die Festlichkeiten in Rebellion und Revolte gegen feudale Autoritäten und ihre Vertreter (wie Steuereintreiber oder Landvermesser) um. Aggressionen konnten sich auch gegen religiöse und ethnische Minderheiten richten oder in frauenfeindlichen Aktionen entladen. In närrischen, weil von den herrschenden Verhältnissen abweichenden Formen werden deren Narrheiten bloßgestellt, immer wieder kontrolliert und gar verboten von den in diesen Verhältnissen Herrschenden (vgl. Davis 1987, 106 ff.; Ginzburg 1988, 59 ff.).[1]

1 Am 1. April jemanden zum Narren halten (»in den April schicken«, »faire un poisson d'Avril«, »to make April fools«) ist ein Brauch mit unklarer Herkunft. Joseph Addison hat den »April fool« (im 47. Stück des *Spectator*, 24. April 1711; 1958, 142 ff.) auf die Hobbes'sche These bezogen, Lachen sei ein Ausdruck des Stolzes auf die eigene Überlegenheit gegenüber anderen: Es werde verursacht durch die eigene Tat, »die einem selbst gefällt, oder durch die Wahrnehmung irgendeines Fehlers bei einem anderen, wobei man sich selbst Beifall spendet, indem man sich damit vergleicht. Und dies kommt meistens bei Leuten vor, die sich bewusst sind, dass sie selbst nur äußerst geringe Fähigkeiten besitzen. Sie sind gezwungen, die Unvollkommenheiten anderer Menschen zu beobachten, um vor sich selbst bestehen zu können« (*Leviathan*, Tl. 1, 6. Kap.). Addison berichtet von einem Nachbarn (»a very shallow conceited Fellow«), der damit prahlte, in den letzten zehn Jahren mehr als hundert Leute in den April geschickt zu haben. Wenn derlei auf einen Tag im Jahr beschränkt bleibe, sei es hinnehmbar, aber neuerdings sei ein Menschenschlag aufgekommen,

Wird im Gottesdienst (auch des Narrenfestes) das Magnificat, das das Lukasevangelium Maria in den Mund legt, angestimmt, dann soll der Satz »Die Mächtigen hat er vom Thron gestoßen und die Niedrigen erhöht« die Amtsträger daran erinnern, dass Amt und Macht von Gottes Gnaden, vor Gott rechenschaftspflichtig sind. Das Verhältnis von Oben und Unten kann umgestürzt werden, wenn die Oberen Amt und Macht missbrauchen. Auch in außereuropäischen Gesellschaften haben »Rituale der Rebellion« (Max Gluckman) oder »Rituale der Statusumkehrung« (Victor Turner) das Bewusstsein davon aufrechterhalten: Die als Häuptling vorgesehene Person wird etwa vor ihrer Einsetzung von den Stammesmitgliedern geschlagen, beschimpft oder auf andere Weise gedemütigt. Der zukünftig Starke ist schwach und der Schwache stark: Der zukünftig Starke wird an das Band der Gemeinschaft gemahnt, das er nicht durch Missbrauch von Rechten und Verfolgung eigener zu Lasten gemeinschaftlicher Interessen zerstören soll (vgl. Turner 1989, 97 ff.). Eine moralisch-soziale Ordnung, zeitweilig auf den Kopf gestellt, wird eben dadurch bestätigt; zugleich macht ihre Verletzung bewusst, sie könnte auch anders sein.

der den April-Scherz auf alle Tage des Jahres ausdehne. Sie werden »Biters« genannt, »eine Sorte von Menschen, die ständig damit beschäftigt sind, über solche Fehler zu lachen, die sie selbst produziert haben«.

X Schiffsfahrten auf dem Meer der Dummheit

Die »fasnacht narren«, die ihr närrisches Treiben nicht auf die zugemessene Zeit beschränken, sondern bis in die Fasten- und Osterzeit hinein ausdehnen, sind doppelt närrisch. Der elsässische Jurist und Schriftsteller Sebastian Brant hat sie in die zweite Ausgabe seines *Narrenschiffs*, ein Jahr nach dem ersten Erscheinen 1494 »zů Basel uff die Vasenaht«, zusätzlich aufgenommen (Kap. 110b). Närrisches Treiben bestimmt das menschliche Leben, jeder – der Autor eingeschlossen – ist ein Narr. Für die Narren wird ein Schiff zur Fahrt nach Narragonien ausgerüstet, oder deren mehrere, da eines schwerlich ausreicht. Wer keinen Platz gefunden hat, schwimmt hinterher oder wartet auf das nächste Schiff. Wen das Buch unerwähnt gelassen hat, wird vertröstet, bis der Autor neue Narrenkappen von der Frankfurter Messe mitbringt.[1]

Brants Narrheitsbegriff steht in der Tradition des christlichen Verständnisses der Dummheit als Sünde, doch gilt diese Tradition nicht mehr unangefochten. Wohl heißt es in der Vorrede:

»Die gantz welt lebt in vinstrer nacht
Und důt in sünden blint verharren
All strassen, gassen, sindt voll narren
Die nüt dann mit dorheit umbgan
Wellen doch nit den namen han«

Der Zusammenhang mit der Sünde ist jedoch nicht bei jeder Dummheit offensichtlich: Wer viele Bücher besitzt, ohne sie zu lesen (1), wer anstatt feiner »hoffzucht« sich bäurisch-grob bei

---

1 Das Grimm'sche Wörterbuch nennt als älteste Bedeutung des Narren eine »verrückte, irrsinnige und überhaupt geisteskranke, an einer fixen Idee leidende Person«, dann – abgeschwächt – einen Gesichterschneider, Fratzenmacher, Spötter, einen, der den Narren spielt, ohne es zu sein, und – verallgemeinert – einen die menschlichen Laster personifizierenden Toren (zur sprach- und literaturgeschichtlichen Entwicklung von Narr und Narrheit vgl. Könneker 1966).

Tisch benimmt (110a), wer »nit die rechte kunst studiert« (27), keinen Spaß versteht (68) oder mit Adels- und Doktor-Titeln prunkt (76) – der handelt gewiss närrisch, aber erhebt sich damit noch nicht gegen Gott und müsste kaum fürchten, ewiger Verdammnis anheimzufallen. Doch lauern auch in scheinbar harmlosen Narreteien tückische Sündenpfuhle: »Vil schwætzen ist seltten on sünd« (19). Schneller Zorn führt zu »sünd und schuldt« (35). Der Stolz auf ein Studium in Bologna und Paris erweist sich als Eingangsstufe zu selbstmächtiger Hoffart, und die stürzt zuletzt zu »Lucifer jnns hellenloch« (92). Narrheit als Sünde ist steigerungsfähig. Den Gipfel erreichen die, die »narren sint, und hant den namen / Dern andern narren sich doch schammen« (98). Das sind (vor allem) Ketzer und Heiden, Gotteslästerer und Mörder. Sie gelten – »jnn jr narrheyt gantz erblynt« – als unrettbar verloren. Ihr niederdrückendes Gewicht erhält die Narrheitssünde durch die Unausweichlichkeit des Todes (85):

> »Wir sterben all, und fliessen hyn,
> Dem wasser glich zůr erden jn,
> Dar umb sint wir grosz narreht doren
> Das wir nit gdencken jnn vil joren
> Die uns gott dar umb leben lott
> Das wir uns rüsten zu dem dot«

Und doch ist die christliche Tradition des Narrheitsbegriffs bei Brant gerade durch seine Universalisierungs-Tendenz eigentümlich abgeschwächt: Wo alle Welt auf die eine oder andere Weise närrisch ist, wird der Zusammenhang mit der christlichen Sünden-Theologie gelockert. Es gilt nicht nur Narrheit als Sünde, sondern auch die Umkehrung: Sünde als Narrheit, unter anderen Narrheiten, die man verspotten, deren man (in den meisten Fällen) durch Selbsterkenntnis inne werden kann, der man das Streben nach Weisheit entgegensetzen soll. Weisheit freilich verdankt sich nicht irdischer Wissenschaft; die kann zwar belehren (66) und zur Entwicklung von Verstand und Tugend beitragen (34). Doch treibt sie in der Welt umher, anstatt vordringlich auf Gott gerichtet zu sein: Pythagoras, Platon, Sokrates haben nach Weisheit gestrebt (107):

»Und kunden doch ergründen nie
Die rechte wiszheyt funden hie
Dar umb von jn spricht got der her
Ich will verwerffen kunst und ler
Und wiszheyt der, die hie wis sindt«

Zur rechten Weisheit gehört die Selbsterkenntnis des Narren als Narr; Brant versteht sein *Narrenschyff* als Spiegel (Vorrede):

»Den narren spiegel ich disz nenn
In dem ein yeder narr sich kenn
[...]
Dann wer sich für ein narren acht
Der ist bald zů eym wisen gmacht«

Die Schiffsreise ist seit der Antike eine Metapher der Selbsterfahrung des Dichters (vgl. Curtius 1961, 138 ff.) und Bild der Lebensreise. Das Narrenschiff beschreibt die Lebensreise über das Meer der Dummheiten, es kommt nirgends an und geht schließlich zugrunde (vgl. Abb. 1). Gefährdet ist aber auch das einzig heilversprechende »Sant Peters schyfflin« (103):

»Sant Peters schyfflin ist jm schwangk
Ich sorg gar vast den undergangk
Die wællen schlagen all sytt dran
Es würt vil sturm und plagen han« (103)

Das Narrenschiff scheint zur Zeit Brants nicht nur Metapher, sondern auch reale Praxis gewesen zu sein: Folgt man Foucaults *Wahnsinn und Gesellschaft* (1961; 1973, 25 ff.), wurden die als wahnsinnig geltenden Narren gelegentlich vertrieben und deportiert. Man übergab sie Schiffern, die die »unbequemen Passagiere« schneller wieder an Land setzten, als sie es versprochen hatten. Foucault verweist auf das Beispiel eines Schmieds aus Frankfurt, der zweimal in die Stadt zurückkehrte, bevor man ihn endgültig nach Kreuznach schaffte.[2] Vagabundierende Irre

---

2 Die Existenz der Narrenschiffe ist in Zweifel gezogen worden (zum Stand der Diskussion vgl. Kasten 1992, 233 ff.). »Fou« und »folie«

Abb. 1: Hieronymus Bosch: Das Narrenschiff, um 1510–16

werden nicht überall und unterschiedslos verjagt; gelegentlich werden sie in Hospitälern aufgenommen (im Hôtel-Dieu in Paris, im Bedlam in London) oder an befestigten Orten wie dem Narrenturm in Caen oder den Toren von Lübeck untergebracht. Es scheint, »daß man nur die Fremden unter ihnen vertreibt, während jede Stadt bereit ist, sich um die Geisteskranken in der eigenen Bürgerschaft zu kümmern«. Vor allem an Wallfahrtsorten sind sie zahlreicher als anderswo; Foucault hält es für möglich, dass die Narrenschiffe Pilgerschiffe waren »mit Geisteskranken auf der Suche nach ihrer Vernunft«. Dabei trafen sich die Sorge, sie zu heilen, und die, sie auszuschließen, »man schloß sie am heiligen Ort des Wunders ein«. Das Narrenschiff markiert für den Irren eine Schwellensituation: Die Fixierung auf den Übergang zwischen Drinnen und Draußen erweitert sich zu einer Gefangenschaft auf der Überfahrt aus einer Welt in eine andere. Der Irre hat »seine Wahrheit und seine Heimat nur in dieser unfruchtbaren Weite zwischen zwei Welten, die ihm nicht gehören können«.

Woher kommt, fragt Foucault (1973, 31 ff.), die zunehmende Prominenz der Thematik um die Wende des 15. zum 16. Jahrhundert? Das Narrenschiff symbolisiere »eine große Unruhe«, die gegen Ende des Mittelalters am Horizont der europäischen Kultur aufgestiegen sei. Sie scheint einer unaufhaltsam den Menschen sich einfressenden Furcht vor einer Verwirrung der Köpfe und Verhältnisse zu entspringen, vergleichbar der Furcht vor Pest und Tod. Erasmus von Rotterdam lässt seine Torheit in dem Lob ihrer selbst von einer »zweifache[n] Art Unverstand« sprechen: eine, die sie für sich beansprucht, wenn sie durch Täuschung und Selbstbetrug die Sorgen der Menschen erleichtert, und eine, für die sie jegliche Verantwortung von sich weist:

(bzw. in der deutschen Übersetzung »Irrer« und »Wahnsinn«) sind in der Zeit, über die Foucault schreibt, nicht genau bestimmt und ebenso mehrdeutig wie andere verwandte Bezeichnungen: Zur »population de fous« zählen etwa »ceux qu'on appelle, sans distinction sémantique précise, les insensés, les esprits aliénés, ou dérangés, les extravagants, les gens en démence«, die in der deutschen Übersetzung »irre, verrückt, verwirrt, närrisch und dement« genannt werden (1973, 135).

Das ist der Unverstand, den »die Rachegöttinnen immer aus der Unterwelt schicken, wenn sie mit ihren schlangendrohenden Häuptern« Kriege und andere menschliche Bestialitäten verhängen und »das schuldbeladene Gewissen mit Raserei und Fackeln des Schreckens jagen« (1511; 1992, 47; bei Foucault 1973, 45 f.). Solange man vom Narrenschiff auf das Schiff des Heils umsteigen kann, ist noch nichts verloren. Was aber, wenn das Schiff des Heils ausbleibt, wenn das Schiff der Kirche selbst sich als trügerisch erweist, wenn Ungewissheit und Zweifel sich an die bislang geltenden Ordnungen klammern?

Foucault sieht eine »kosmische Erfahrung« und eine »kritische Erfahrung« des Wahnsinns auseinandertreten (ebd., 46 ff.). Zwei Narrenschiffe fahren in verschiedene Richtungen: das eine, mit »rasenden Gesichtern« beladen, verliert sich »in der Nacht der Welt«, ohne Aussicht auf Rückkehr und Ausweg; das andere wird vom »kritischen Bewußtsein der Menschen« gesteuert, vor dem der Wahnsinn, mag er auch Denken und Handeln durcheinanderbringen, doch »verschwindet, wenn das Wesentliche auftritt, das heißt Tod und Leben, Gerechtigkeit und Wahrheit«. Das »kritische Bewußtsein des Wahnsinns« drängt dessen »tragische Gestalten« zurück, ohne sie auszulöschen. Der Wahnsinn wird zur »Beziehungsform der Vernunft« oder zu einer der Formen der Vernunft selbst, in die er integriert wird (ebd., 50 ff.): Im ersten Fall treten Wahnsinn und Vernunft in eine sich wechselseitig abweisende und doch einander stützende Beziehung. Der christliches Denken schon immer bewegende Abgrund zwischen göttlicher und menschlicher Weisheit, der die letztere als Torheit vor Gott erscheinen lässt, fordert die Frage nach seiner Überbrückbarkeit heraus, damit menschliches Denken und Handeln an der Unmöglichkeit des Brückenschlags nicht irre werden. Foucault zitiert Nikolaus von Kues, dessen »idiota« im Dialog *Idiota de sapientia* (»Der Laie über die Weisheit«) in die »docta ignorantia« (das Wissen des Nicht-Wissens) einführt: Die höchste Weisheit ist »für jede Rede unaussagbar, für jede Vernunft unerkennbar, für jedes Maß unmeßbar, für jedes Ende unbeendbar, für jede Grenze unbegrenzbar, für jedes Verhältnis unverhältnismäßig, für jeden Vergleich unvergleichbar, für jede Darstellung undarstellbar, für jede Formung unformbar [...]. Und weil sie für jede Beredsamkeit unausdrückbar ist, läßt sich kein Ende solcher Aussagen denken, denn das, wodurch, worin und woraus alles ist, kann mit keinem Gedanken gedacht werden« (*Der Laie über die Weisheit*, 1450; 1967, 428 ff.; bei Foucault 1973, 54). Doch so wie ein Duft dazu anregt, zu seiner Quelle zu eilen (auch wenn sie niemals erreicht wird), so treibt die Weisheit, die in allem widerstrahlt, durch eine Art Vorgeschmack ihrer Wirkungen an, ihr zuzustreben. Wer darauf sein Leben richtet, hat Teil daran. »In staunender Bewunderung läßt er die Sinne zurück und läßt seine Seele unsinnig werden, sodaß er alles außer der Weisheit für nichts achtet« (ebd., 439). (Kurt Flasch hat in seiner genetischen Cusanus-Monographie bemerkt, dass dies mehr ist als die Erfahrung der Grenzen des Wissens; es sei freudigstes Erfassen des Unfassbaren, gleichsam ein »selbstvergessener Rausch«, »göttlicher Wahnsinn«, 1998, 264.)

Im zweiten Fall hat der Wahnsinn Sinn und Geltung im Felde der Vernunft selbst: Er deckt nicht nur deren Schwächen auf, sondern gehört als Antriebskraft der Phantasie zur Vernunft selbst. Foucault zitiert Montaigne, den sein Besuch beim umnachteten Torquato Tasso in der Überzeugung stärkte, dass geistige Schöpferkraft und Wahnsinn eng benachbart sind: »Wer wüßte nicht, wie unmerklich die Grenze zwischen geistiger Umnachtung und den lichten Höhenflügen eines freien Geistes, den Werken einer vollendeten Tugend ist!« (*Essais*, Bd. II, 12; bei Foucault 1973, 57). Was die Seele aus dem Gleichgewicht stürze, seien die Schwingungen und Bewegungen ihrer geistigen Kräfte, also gerade ihre Stärken. Der Wahnsinn ist eine »lebendige und geheime Kraft« in der Arbeit der Vernunft; wenn er ihre Anstrengung »sanktioniert, bedeutet das, daß er durch die Lebhaftigkeit der Bilder, die Heftigkeit der Leidenschaft, diesen großen Rückzug des Geistes auf sich selbst, an dieser Anstrengung teilhat«.

Mit Erasmus von Rotterdam und dann Montaigne hebt eine Form des skeptischen Denkens an, das den Wahnsinn als eine Gestalt der Vernunft zu begreifen sucht und dadurch sich besser vor ihm schützt als durch bloße Ablehnung.

XI Universalisierung der Dummheit – als Selbstreferenz

Im dritten Buch von Rabelais' *Gargantua und Pantagruel* (1532 ff.) wirft Panurg, Gefährte Pantagruels, die Frage auf, ob er heiraten soll oder nicht. Das ist eine beliebte Orakelfrage im Altertum, im Mittelalter Gegenstand rhetorischer Übung und dann Debattenstoff im Rahmen der »Querelle des femmes«, eines Streits um Rang und Rechte der Frauen, über die Machtverhältnisse in der Geschlechterordnung.[1] Dass Panurg seine Entscheidung von der Antwort auf eine weitere Frage abhängig macht – ob er, wenn er heiratet, von seinem Weib zum Hahnrei gemacht wird – und keinen Aufwand scheut, hierüber zuvor Gewissheit zu erlangen, kippt das Problem ins Närrische. Die um Aufschluss gebetenen Zukunftseher, Theologen und Gelehrten lassen zumeist Ausweichendes, Zweideutiges verlauten, verlieren sich in Mythen und Berichten aus ihren Wissensbeständen. Falls »der Weisen Bescheid« närrisch ist, solle man einen Narren fragen, schlägt Pantagruel vor und begründet das mit einer um sich greifenden Verwirrung darüber, was als weise und was als närrisch gelten soll (1546; 1964, Bd. 1: Drittes Buch, Kap. 37):

> »Wie nämlich ihr den Menschen, der sein häuslich und Privat-Wohl fleißig in Obacht nimmt, attent [aufmerksam] und wachsam auf seine Wirtschaft ist, die Gedanken zusammenhält, keinen Vorteil Geld und Gut zu erwerben und aufzuhäufen verabsäumt, mit Bedacht den Übeln der Armut vorzubauen weiß; wie ihr den zeitlich weise nennt, wie törig er auch nach dem Urteil der himmlischen Geister immer sein mag: so muß man, um vor diesen weise, das ist wissend und fürwissend durch göttliche Inspiration, und fähig der

---

1 Panurg: griech. »panourgos«, »zu allem imstande«, Schelm in der Trickster- Hermes-Tradition (vgl. Schrader 1958). – Zur »Querelle des femmes« vgl. Bock/Zimmermann 1997; Engel/Hassauer/Rang/ Wunder 2004.

Gab der Weissagung zu werden, sich selbst vergessen, aus sich herausgehn, die Sinnen von allen irdischen Trieben läutern, den Geist befrein aus aller Menschen-Sorg, alles gerad sein lassen. Welches man der Narrheit gemeinlich zuschreibt«.

An was soll man sich halten, wenn das, was in der Perspektive christlicher Ordnungsgebote und weltlicher Lebensanforderungen jeweils als närrisch oder weise gilt, sich gegenseitig ausschließt? So gebieterisch das beiderseitige Verlangen nach Gefolgschaft ist, so wenig kann offenbar beides zugleich erfüllt, aber auch nicht das eine zugunsten des anderen ohne weiteres aufgegeben werden. Für Menschen, die diesem Zwiespalt ausgesetzt sind, ist dies eine unauflösbare Spannung, für die sie dennoch Bewegungsformen suchen müssen, um mit ihr leben zu können. Sie leben unter erschwerten Bedingungen: Überall in Europa werden spätestens seit dem 14. Jahrhundert die Konturen bürgerlicher Gesellschaft in traditional-feudalistisch geprägten Verhältnissen verwirrend und widersprüchlich sichtbar: Aufstieg und Wachstum städtisch-bürgerlicher Klassen und ihres neuartigen Geistes, rastlos tätig und systematisch kalkulierend nach Gewinn zu streben und Reichtum anzuhäufen; gleichzeitig Entwurzelung und Verelendung großer Bevölkerungsgruppen und Zersetzung überkommener Gemeinschaftsbeziehungen; Aufstände der Bauern gegen alte und neue Mächte der Ausbeutung und Enteignung von Land und Rechten, schließlich blutig niedergeschlagen im Großen Bauernkrieg; Ausgriffe über die europäischen Grenzen hinaus in neue Räume und der Beginn jahrhundertelanger Ausplünderung von Edelmetallen, Rohstoffen und Arbeitskräften, mit verheerenden Folgen für die indigenen Bevölkerungen in den außereuropäischen Gesellschaften. Zugleich wird das religiöse Welt- und Selbstverständnis durch neuartige Ansätze, der Natur und dem menschlichen Zusammenleben analytisch und experimentell auf den Grund zu gehen, herausgefordert. Als buchstäblich ver-rückt muss sich erleben, wer die Erde aus ihrer Zentralstellung im Kosmos herausgerückt sieht. Der Horizont dessen, was Aufmerksamkeit erzwingt, erweitert sich unaufhörlich. Der christliche Ordo beginnt in unversöhnlichen Aufspaltungen und Kämpfen um Deutungshoheit und Erneuerung auseinanderzubrechen. Wenn die göttlich verbürgte Ordnung an Selbstverständlichkeit und Verbindlichkeit ihrer Geltung einbüßt, dann wird die Entwicklung neuer Ordnungsleistungen und Lebensentwürfe notwendig. Die Bemühungen um gesellschaftlich-moralische Sinngebung müssen zwischen alten Abhängigkeiten und neuen Autonomien hindurch, mit ambivalenten Wirkungen: Krisenerfahrung und erwachendes Selbstbewusstsein, angstvolles Nichtigkeitsgefühl und beflügelte Neugier.

Das lässt das Dummheits-Verständnis nicht unberührt: Die überlieferten Vorgaben für dummes Denken und Handeln und ihr Gegenstück werden zweifelhaft. Die Theologie verliert an Zuständigkeit für ihre Bestimmung; das sünden-theologische Fundament wird brüchig, ist dem Vorwurf ausgesetzt, durch Beschränkungen der Öffnung zur Welt, des Strebens nach Wissen, der Dummheit Vorschub zu leisten. Doch auch mit der neuen Weltoffenheit, mit der Erneuerung der Wissenschaften verschwindet Dummheit nicht. Die Versuche, sie zu begreifen, die Vorschläge, sie zu bearbeiten, verraten Unsicherheit, begleitet von einem Universalisierungsschub des Verdachts ihrer Mächtigkeit. Wie lassen sich Dummheit und das, was als ihr Gegenstück Geltung beanspruchen kann, identifizieren und auseinanderhalten?

1511 erschien das *Lob der Torheit* von Erasmus von Rotterdam (eine Ausgabe von 1515 hat den vollen Titel *Morias enkomion sive laus stultitiae*). Die Torheit spricht als Göttin, als Unsterbliche, so alt wie die Welt, genauer: wie die Torheiten produzierende menschliche Welt, und was produziert diese Welt anderes? Torheit »gründet Staaten, in ihr sind die Reiche verankert, die Regierung, die Religion, die Ratsbeschlüsse, die Gerichtsentscheide, und das gesamte menschliche Leben ist nichts anderes als ein Spiel der Torheit« (Erasmus von Rotterdam 1992, 32). Die Torheit spricht in Form einer Lobrede auf sich selbst. Sie hält es nicht mit »jenen Weisen, die es als besonders dumm und ungezogen bezeichnen, wenn einer sein eigenes Lob singt« (ebd., 8). Das mag ja töricht sein, aber ist genau darum der Torheit angemessen. Außerdem kennt sie sich selbst am besten, macht es selbst am besten, besser als jeder bezahlte »Lobhudler«. Und überdies tut es kein anderer: Obwohl alle ihre Wohltaten genießen und eifrig in ihrem Dienst stehen, will keiner mit ihr zu tun haben; sie gebrauchen ihren Namen als Schimpfwort: sie wisse »sehr gut, in welch schlechtem Ruf die Torheit sogar bei den ärgsten Dummköpfen steht« (ebd., 7), bei denen also, die sie von gleich zu gleich schätzen müssten, aber selbst die »ärgsten Dummköpfe« gelten nicht gern als dumm, sind eben darum unter allen Dummköpfen die ärgsten.

Die Torheit spricht aus dem Wissen der abendländischen Geschichte, ist also höchst gelehrt, hat ihre »Eselsgestalt in das Löwenfell der Bildung gekleidet« (ebd., 106). Das spielt an auf eine Äsopische Fabel, in der ein Esel im Löwenfell die ahnungslosen Leute von Kyme in Angst und Schrecken versetzt, bis ein Fremder, der schon oft einen Löwen und manchen Esel gesehen hat, ihn entlarvt und verprügelt.

Die Grenze zwischen Torheit und Weisheit verschwimmt: Wer Weisheit für sich beansprucht, benutzt sie wie »Maske und Titel«, ist ein »morosophos«, ein »Töricht-Weiser« (ebd., 10). Die Entwicklung der Wissenschaften hat bislang keinem natürlichen Mangel der Menschen abgeholfen, ist selbst mangelhaft. Das bestätigt die Durchsicht im einzelnen: abgehandelt werden nach den Grammatikern, Rednern, Schriftstellern, auch die Philosophen: Obwohl sie sich allwissend geben, wissen sie gar nichts. »Sie kennen sich selbst nicht und bemerken in ihrer Kurzsichtigkeit oder Geistesabwesenheit nicht den Graben oder Stein vor ihren Füßen« (ebd., 70). Was Thales widerfuhr, ist noch immer Philosophen-Schicksal, aber nicht mehr Motiv idealistischer Rechtfertigung, sondern nur noch Beleg eines Versagens auf ganzer Linie. Allenfalls sind die Wissenschaften halbwegs ertragreich, »die der Torheit am nächsten stehen«: Heilkunde und Rechtskunde (»Eselsgewerbe«; ebd., 41).

Die Torheit ist für alles zuständig, sie schenkt die »Fülle des Alls«, sie gibt den »Auftakt für dieses Leben«: keine Ehe ohne Unbesonnenheit, keine wiederholte Geburt ohne Vergesslichkeit (ebd., 13 f.). Der Torheit verdankt sich sogar das scheinbar ihr Entgegenstehende: die Klugheit. »Es könnte aber jemand sagen, mit demselben Recht möchte ich Feuer und Wasser zusammenbringen« (ebd., 32 ff.). Klugheit wird vor allem durch zwei Hindernisse beeinträchtigt: »die Scham, die den Sinn umnebelt, und die Furcht, die die Gefahr zeigt und vom Abenteuer abrät«; von beidem befreit die Torheit gründlich: »Der Törichte greift einfach zu [...] und gewinnt dabei die – wenn ich mich nicht täusche – wahre Klugheit« (vgl. Abb. 2). Selbst zur Weisheit gelangt niemand »ohne das Geleit der Torheit«. Mögen die Stoiker die Leidenschaften für Wahnsinn halten und für unvereinbar mit der Vernunft, es sind doch gerade die Leidenschaften, die zur Weisheit ansporen; freilich einer Weisheit nach menschlichem und nicht nach göttlichem Maß. Für letzteres bedürfe es eines neuen Menschen, sei »eine neue prometheische Schöpferhand« vonnöten (ebd., 37).

Was ist davon zu halten, wenn die Torheit über sich selbst spricht? Wird dadurch das, was sie sagt, töricht oder – da sie über Torheit spricht – nicht eben dadurch klug? Man sollte die Paradoxie nicht aufzulösen versuchen. Nicht zuletzt ist sie ein Schutz des Autors vor lebensgefährlichen Mächten seiner Zeit. Gelegentlich erinnert die Torheit daran (doch wohl um vorzubeugen), dass sie eine Lobrede vorträgt und keine Satire. An wenigen Stellen – so scheint es – wird die Zweideutigkeit der Ironie aufgegeben: »Von hoher Warte mag wohl einer Umschau halten, so wie die Dichter es manchmal Jupiter nachrühmen. Dann sieht er das menschliche Leben in maßloses Unheil verstrickt, in großem Elend.« Und nun wird der Krug der Pandora noch einmal ausgeschüttet, bis die Torheit wie erschrocken innehält: sie versage sich die Untersuchung der Frage, »womit die Menschen das alles verdient haben und welcher zornige Gott sie zur Geburt in diesem Jammertal genötigt hat« (ebd., 37 f.). Der Krieg verbietet jede Zweideutigkeit: sie nennt ihn eine »Wahnsinnsgeburt«, eine »Gottlosigkeit, die dem Christen völlig widerspricht, und doch kümmern die Päpste sich um nichts sonst« (ebd., 90).

Verschwunden ist die Sicherheit, mit der man sich in einer Welt klarer Unterscheidungen bewegen konnte. Wenn diese Welt ihre überlieferten Konturen verliert, ist in der verbleibenden nichts und niemand vor Torheitsbefall gefeit: Der Wahn ist »so allgemein im Schwange, daß man unter allen Menschen kaum einen finden dürfte, der jederzeit bei Sinnen wäre und

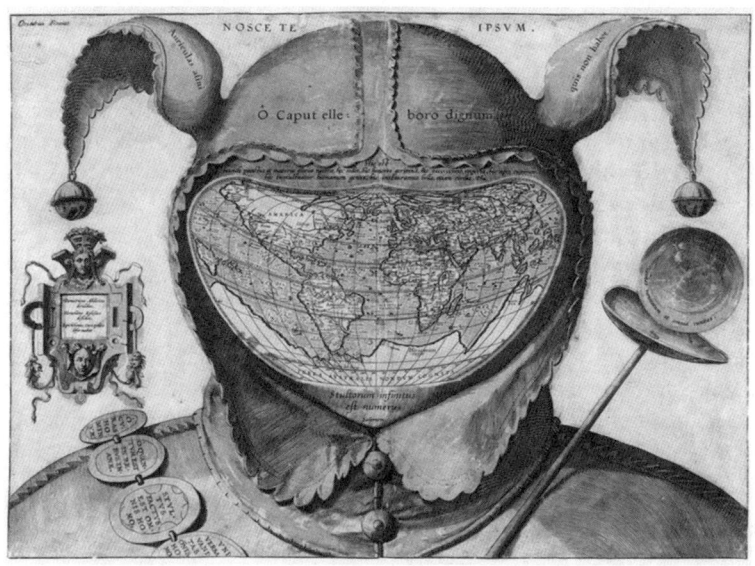

Abb. 2: Anonym: Narrenkappe mit Weltkarte, um 1600

nicht im Zauberbann irgendeines Wahnes stände« (ebd., 48).
Einerseits löst Erasmus das christliche Verständnis der Dummheit in deren universeller Herrschaft auf, andererseits übersteigt
seine Torheit am Ende ihrer Preisrede ihre innerweltlichen Be-
fangenheiten und sucht nach einer mystischen Erfahrung der
Entrückung in eine vorgreifende »ewige Seligkeit«. Das ist »der
Teil der Moria, der ihr nicht genommen wird im Wandel der
Dinge, sondern zur Vollendung reift. Die das fühlen durften –
es wird aber ganz wenigen zuteil – erleiden etwas, was der Entrückung sehr nahe kommt (›dementiae simillimum‹), sprechen
unzusammenhängende Worte und machen sich nicht nach
Menschenart, sondern ohne Sinn bemerkbar« (ebd., 111). Es ist
die so verwandelte Torheit, die die Bindung ans Christentum
noch aufrechterhält.[2]

2 Erasmus' Enkomion hat (im Bewusstsein antiker Vorläufer) eine Reihe von weiteren Lobreden auf Nichtigkeiten, Unsitten, körperliche

Erasmus' Torheit klammert die Geschlechterverhältnisse nicht aus: Der Mann habe ein »Quentchen mehr an Vernunft« abbekommen, weil er »für staatliche Aufgaben bestimmt ist«. Ihre Bemerkung, die Frau sei und bleibe eine Törin, welche Maske sie auch immer aufsetze, schränkt sie schlitzohrig ein: »Ich will aber nicht annehmen, daß die Frauen so töricht sind, mir zu zürnen, weil ich ihnen, als Torheit doch selbst eine Frau, Torheit nachsage« (ebd., 22).

Doch das ist nicht Erasmus' einziger Beitrag zur »Querelle des femmes«. In den *Colloquia familiaria* (*Vertraute Gespräche*, 1526; 1976, 3 ff.) präsentiert er einen Dialog zwischen einem Abt und einer Frau, in dem der Abt die Vielzahl griechischer und lateinischer Bücher im Hause der Frau moniert: »Gebildet zu sein ist unweiblich. Sache hochgestellter Frauen ist es, angenehm zu leben.« Gefragt, was er unter »angenehm« versteht, antwortet er: »Schlafen, Gelage, Freiheit zu tun, was ich will, Geld, Ehren.« »Sapientia« gehört nicht dazu. Bücher sieht er bei seinen Mönchen ungern, sie seien dann weniger unterwürfig, »und ich möchte auch nicht, daß einer meiner Untergebenen gebildeter ist als ich«. Auf den Einwand, das lasse sich durch eigene Bildung vermeiden, entgegnet er, dazu fehle ihm die Zeit, die mit Beten, Besorgung des Hauswesens, Jagden und Dienst bei Hofe ausgefüllt sei. Den Frauen aber raubten die Bücher »viel von ihrem Verstand, und sie haben ohnehin zu wenig«. Die Frau: »Wieviel ihr Männer habt, weiß ich nicht. Ich möchte jedenfalls das wenige, das ich habe, lieber für ordentliche Studien verwenden als für das sinnlose Hersagen von Gebeten [...] und das Leeren riesiger Humpen.« Sie verweist auf »Frauen, die es mit jedem Mann aufnehmen können«. Die »Weltszene« verändere sich: Es werde noch so weit kommen, »daß wir in den theologischen Schulen den Vorsitz führen und in

und geistige Beeinträchtigungen motiviert und auch selbst Nachahmer im Lob der Torheit gefunden: Ein Beispiel ist Antonio Maria Speltas *La Saggia Pazzia, fonte d'allegrezze, madre de piaceri, regina de belli humori ...* (Venedig 1608/09). 1615 erschien eine deutsche Übersetzung: *Sapiens stultitia. Die kluge Narrheit. Ein Brunn deß Wollustes: Ein Mutter der Frewden. Ein Herrscherin aller guten Humoren.*

den Kirchen predigen«. »Das möge Gott verhüten«, entsetzt sich der Abt, »daß ich diesem Weib begegnen mußte! – Wenn du uns einmal besuchst, werde ich dich höflicher empfangen.« »Wie denn?« »Wir werden tanzen, reichlich trinken, jagen, spielen und lachen.« »Ich habe allerdings Lust, schon jetzt zu lachen.«[3]

3 Die männliche Verdummungspraxis gegenüber den Frauen hat Agrippa von Nettesheim in der *Declamatio de nobilitate et praecellentia Foeminei sexus* (1529) angeklagt. Die erste Übersetzung ins Deutsche *Vom Adel und Fürtreffen Weibliches geschlechts* von 1540 findet sich abgedruckt in Gössmann 1988, 53 ff.: Einen guten Teil seiner Schrift verwendet Agrippa auf die Argumentation mit »beispiln«, dass »das Weibßbildt eben so wol alle dinng vermöge / das die menner zuthun mechtig sein« (ebd., 84).

XII Universalisierung der Dummheit – als Selbstreflexion

Es gibt andere Wege zur Einsicht in die universelle Herrschaft der Dummheit: Montaigne fand sie auf der Suche nach sich selbst. Apollons Mahnung »Erkenne dich selbst« in seinem Tempel in Delphi, seit der Antike immer wieder Maxime der Lebensführung, wird zum Programm der Selbsterforschung erhoben: »Ich nehme mir nicht nur heraus, über mich zu sprechen, sondern auch, es ausschließlich zu tun.« Hier reift die Erkenntnis: »Wie viele Dummheiten (›combien de sottises‹) sage und antworte ich tagtäglich nach meiner eigenen Meinung; und wie viel mehr also wahrscheinlich noch nach der Meinung anderer! Wenn ich mir darüber in die Lippen beiße – was müssen da erst die andern tun?« Dümmer noch ist es, »sich über die Torheiten der Welt (›des fadeses du monde‹) aufzuregen und zu entrüsten«, denn das bringt uns nur gegen uns selbst auf (*Essais*, Bd. III, 8). »Einsehen, daß man eine Dummheit getan oder gesagt hat, das ist nichts: man muß einsehen, daß man ein Dummkopf durch und durch ist (›qu'on n'est qu'un sot‹), eine weit umfassendere und wichtigere Erkenntnis« (ebd., 13).

Dummheit gehört zum Menschen; sie lässt ihn sich fragwürdige Ziele setzen und täuscht ihn über die Macht seiner Mittel und Kräfte, namentlich seines Wissens und seiner Wissenschaften: Es ist zweifelhaft, ob sich daraus »ein rechter Nutzen für die Bedürfnisse des Lebens« ziehen lässt (ebd., 8). Montaigne bestreitet nicht den Sinn wissenschaftlicher Arbeit; die sie verachten, »zeigen damit deutlich ihre Dummheit (›leur bestise‹)« (Bd. II, 12). Auch wenn er die Schwäche und Unzuverlässigkeit des menschlichen Erkenntnisvermögens beklagt, will er doch seinen Verstand zu einer energischen und beharrlichen Forschung anhalten.

Unter den philosophischen Schulen, die auf der Suche nach Wahrheit entweder sagen, sie hätten sie gefunden, oder sie lasse sich nicht finden oder sie seien weiterhin auf der Suche, gilt Montaignes Sympathie der Skepsis Pyrrhons: »Die Unwissenheit, die sich kennt, die sich richtet und sich verurteilt, ist keine völlige Unwissenheit: um dies zu sein, müßte sie auch ihrer selbst unwissend sein. Sodaß das Bekenntnis der Pyrrhonisten war, zu schwanken, zu zweifeln und zu suchen, nichts für sicher zu halten und für nichts einzustehen« (ebd.). Wie sie will Montaigne forschen und diskutieren, aber nichts abschließend behaupten.

Mit dem skeptischen Denken verträgt sich die konservierende Bindung des Handelns ans Hergebrachte (vgl. Horkheimer 1938; 1968, 201 ff.). Das Festhalten an religiösen Traditionen und politischen Machtverhältnissen sichert Montaigne Stabilität in den Verunsicherungen, in die der rastlos suchende und unzureichende menschliche Geist treibt. Er will sein Handeln an Gesetz und Ordnung binden, doch nicht sein Denken. Auch wenn den Königen Ehrerbietung und Unterordnung gebühre: »Nicht meine Vernunft ist geschaffen, sich zu beugen und krumm zu machen, meine Knie sind es« (Bd. III, 8). Die göttlich verbürgte Einrichtung der Welt wird nicht in Frage gestellt, wohl aber gezweifelt, dass die Menschen sich selbstverständlich und widerspruchslos in ihr bewegen. Sie verfolgen ihre kleinlichen Interessen und bedienen sich dazu der Religion. Sie verehren einen Gott, den sie nach ihrem Bilde entwerfen. Wie Erasmus erschrickt Montaigne vor der Wut christlicher Gewalt: »Es ist kein Hader so hochfahrend wie der christliche. Unser Eifer tut Wunder, wenn er sich mit unserem Hang zum Haß, zur Grausamkeit, zum Ehrgeiz, zur Habsucht, zur Verlästerung und zum Aufruhr verbündet« (Bd. II, 12).

Das Misstrauen gegenüber den menschlichen Kräften und Fähigkeiten schließt die eigenen ein: »Ich, König der Sache, die ich behandle und über die ich niemandem Rechenschaft schulde, bin gleichwohl nicht von allem überzeugt, was ich dazu sage« (Bd. III, 8). Montaigne gesteht sein Unvermögen, einen Gedanken zielstrebig zu verfolgen, bestreitet nicht die Wechselhaftigkeit seiner Wahrnehmungen und die Widersprüchlichkeit seiner Argumente: »So oft legen meine Gedanken Verwahrung gegeneinander ein und verwerfen sich selbst« (ebd.). Und über sein Werk sagt er (nicht ohne kokettes Augenzwinkern): »Am Ende ist dieses ganze Sudelgeköch, das ich hier anrichte, nichts als eine Aufzeichnung der Erfahrungen meines Lebens, das in

Ansehung der inneren Gesundheit mustergültig genug ist, um als abschreckendes Beispiel zu dienen« (ebd., 13).

Ist Dummheit belehrbar? Auch wenn Montaigne die Notwendigkeit einer Erziehung zum Ausgang aus Torheit und Unwissenheit nicht in Abrede stellt, rät er doch zur Zurückhaltung. Wo Dummheit mit Selbstgefälligkeit und Verbohrtheit einhergeht, stößt jeder Versuch ihrer Behebung an Grenzen, erst recht dann, wenn ein solcher Versuch selbst in Dummheit umschlägt: Es gibt Formen der »Schulmeisterei«, die schlimmer sind als das, wogegen sie sich richten (Bd. I, 25).

Wo die überlieferte Ordnung nicht mehr zweifelsfrei gilt, wo Wahrheit ins Unerkennbare rückt und der Verstand »für ein und dieselbe Sache hundert entgegengesetzte Gründe vorzubringen vermag« (Bd. II, 12), sind die Menschen umso mehr auf Verständigung, auf Gespräch und Diskussion angewiesen. Montaigne nennt sie die »fruchtbarste und natürlichste Übung unseres Geistes« (Bd. III, 8). Er liebt die Streitlust, öffnet sich dem Widerspruch und will sich dem überzeugungskräftigeren Argument des Gegners beugen. Der Angriff jedoch »ohne Einhaltung der gebotnen Form« ist ihm »schier unerträglich«. Die Form gilt es nicht minder zu beachten als den Inhalt. »Der kann ebensogut ein Narr sein, der die Wahrheit trifft, wie jener, der fehlgeht: denn hier handelt es sich nicht darum, was einer sagt, sondern wie er es sagt.«[1] Man muss sich aufeinander einlassen und darf sich nicht in seinen Gedankengang verrennen oder »mit unnützen Vorreden und Abschweifungen« sich und die anderen betäuben (ebd.). Für die richtige Gesprächsführung sind Rhetoren nicht die besten Lehrmeister: »Die Rhetorik ist ein Werkzeug, dazu erfunden, einen Mob und eine zerrüttete Bürgerschaft zu lenken und aufzupeitschen« (Bd. I, 51). »Mir wäre es lieber, wenn mein Sohn in den Schenken reden lernte als auf den Schulen der Redekunst« (Bd. III, 8).

1 Teil einer entsprechenden »Gesprächs- und Diskussionskunst« ist eine Art bürgerliche »joking relationship«: das Necken und Foppen im Freundeskreis. »In dieser Kurzweil zupfen wir bisweilen an den geheimen Saiten unserer Unzulänglichkeiten, an die wir im ernsten Gespräch nicht rühren könnten, ohne zu verletzen; wir führen uns gegenseitig heilsam unsere Fehler zu Gemüte« (Bd. III, 8).

Es geht um lebenswerte Lebensentwürfe. Der christlich ge-
prägte Dualismus von Spiritualität und Körperlichkeit, der
schon Rabelais' Pantagruel beunruhigt hatte, gerät bei Montaigne vollends ins Zwielicht. Er fragt, ob nicht der Glaube reichlich verwegen sei, die Menschen »kämen der Gottheit am
nächsten, wenn sie außer sich und völlig von Sinnen seien«,
und gibt zu bedenken, dass die Stimme, die den Geist als klar-
sichtig ausgibt, wenn er sich vom Menschen gelöst hat, und als
verfinstert und erdgebunden, wenn er im Menschen verweilt,
von ebendemselben verfinsterten und erdgebundenen Menschen stammt, was ein zweifelhaftes Licht auf seine Glaubwür-
digkeit wirft (Bd. II, 12). Montaigne will sich ans Irdische halten
und verabscheut »die unmenschliche Weisheit, die uns zu Ver-
ächtern und Feinden der Pflege uneres Körpers machen will«.
Man solle den Lüsten weder nachjagen noch sie fliehen, sondern sie willkommen heißen. »Wir sind große Toren: [...] Hast
du dein Leben zu bedenken und zu führen gewußt? So hast du
das größte aller Werke vollbracht« (Bd. III, 13).

Gegen Ende des Essais »De la presumption« (»Über den
Dünkel«) kommt Montaigne auf schätzenswerte Persönlichkei-
ten seiner Zeit zu sprechen und findet die wärmsten Worte für
Marie Le Jars de Gournay (1565–1645), die er seine »geistige
Adoptivtochter« (»ma fille d'alliance«) nennt und deren Urteil
über seine Essais er seine »allerhöchste Achtung« zollt (Bd. II,
17). Marie de Gournay hat in zwei Schriften *Égalité des hommes
et des femmes* von 1622 und *Grief des dames* von 1626 die
Dummheiten der Männer im Umgang mit den Frauen angegriffen und für gleiche Rechte der Geschlechter im gesellschaftlichen Leben gestritten: Die Frauen werden in jeder Hinsicht eingeschränkt, alles, was gut ist, wird ihnen vorenthalten,
der Freiheit werden sie beraubt, von Ämtern und öffentlichen
Funktionen ausgeschlossen. Tapferer als Herkules, der nur
zwölf Ungeheuer in zwölf Kämpfen zu besiegen hatte, wollen
die Männer mit einem Wort die Hälfte der Menschheit erledi-
gen. Sie mahnt eine bessere Erziehung der Frauen an und erinnert daran, dass Gott den Menschen als eine Kreatur in zwei
Geschlechtern geschaffen habe. Die biblische Autorisierung
männlicher Familienführung akzeptiert sie um des häuslichen
Friedens willen, erklärt es aber für die größte Dummheit des

Mannes, dies als Rechfertigung eines Mehr an Würde für sich zu reklamieren. Ein Großteil des *Grief des dames* liest sich wie eine geschlechtsspezifische Erweiterung von Montaignes »De l'art de conférer« (Bd. III, 8), wenn die Gesprächsführung der Männer gegenüber den Frauen vorgeführt wird: Frauen können in Diskussionen mit überlegenem Lächeln abgewertet (»c'est une femme qui parle«) oder durch Abbruch der Diskussion aus vorgeblicher Höflichkeit nicht ernstgenommen oder mit nicht zugehörigen Komplimenten zum Schweigen gebracht werden. Da kann einer »dreißig Dummheiten« von sich geben, »er wird doch den Preis davontragen wegen seines Bartes oder aufgrund der Überheblichkeit einer angemaßten Befähigung«.[2]

In einer späteren Auflage ihrer Gleichheits-Schrift von 1641 hat Marie de Gournay unter ihre Verbündeten Anna Maria van Schurmann aufgenommen. Van Schurmann (1607–78) veröffentlichte 1641 ihre Dissertation *Über die Befähigung von Frauen für die Gelehrsamkeit und die höheren Wissenschaften.* Ihre These: »Einer christlichen Frau steht das Studium der Wissenschaften zu«, verteidigt sie in vierzehn Argumenten und fünf Widerlegungen gegnerischer Einwände. Sie hebt die natürliche Vernunftausstattung der Frauen und ihre Entwicklungsnotwendigkeit im Sinne eines tugendhaften, verständigen, großgesinnten, klugen, von Unwissenheit (»inscitia seu ignorantia«) befreiten Lebens hervor. Ihre These schränkt sie hinsichtlich psychisch-sozialer Bedingungen ein: Notwendig seien eine mittelmäßige Begabung, die Verfügung über finanzielle Mittel und ausreichende Zeit neben den häuslichen Aufgaben. Bei den Wissenschaften und Künsten haben jene Vorrang, die zur Theologie und zu den Tugenden eine enge Beziehung haben. Die Wissenschaften, die zur Ausübung öffentlicher Ämter notwendig sind, seien wegen des Ausschlus-

2 Eine Zusammenfassung des Inhalts der Beiträge von Marie de Gournay zur *Querelle des femmes* findet sich bei Gössmann, ²1998, 32 ff. Eine kritische Ausgabe des Gesamtwerks ist 2002 in zwei Bänden erschienen; die angesprochenen Essais stehen im ersten Band, 962 ff., 1074 ff.

ses der Frauen von diesen Ämtern zwar weniger wichtig, aber als Gegenstand des Studiums der Frauen nicht verzichtbar; dies gelte namentlich für die »überaus edle Disziplin der Politik«.[3]

---

3 Eine zusammengefasste Übersetzung der Dissertatio von van Schurmann bietet Gössmann, ²1998, 94 ff.; eine kommentierte vollständige lat./dt. Ausgabe hat Michael Spang 2009 herausgegeben.

XIII Spezifizierungen der Dummheit – Bereinigungen des Wissens

Als Rabelais' Panurg sich zur Suche nach einer Antwort auf die Frage anschickte, ob er heiraten solle und ob ihn seine zukünftige Frau zum Hahnrei machen werde, wurde er auch bei einem Herrn Trippa vorstellig: Der weissagte mit Hilfe der Astrologie, Geomantie, Chiromantie, Metopomantie und 37 weiterer Künste »vom gleichen Schrot« Panurg die Unvermeidbarkeit seiner Hahnreischaft: »denn ich seh im siebenten Haus die schlimmsten Aspekten und Schlägerei aller gehörnten Zeichen, als Widder, Steinbock, Stier etcetera ... Ach! Dir wirds hart gehn, armer Mann!« Den Herrn Trippa haben die Rabelais-Kommentare als Agrippa von Nettesheim identifiziert, der die längste Zeit seines Lebens (1486–1535) das Geschäft der »occulta philosophia« betrieben, jedoch in einer *Declamatio de incertitudine et vanitate scientiarum et artium* von 1530 diese Art Wissen als Torheit verurteilt hat. Das Werk lässt sich als eine weitere Strategie verstehen, die Auflösung des christlichen Dummheitsverständnisses zu verarbeiten, zusätzlich zur Universalisierung von Dummheit Spezifizierungen vorzunehmen, die genauere Bestimmungen des unsicher Gewordenen erlauben: hier eine Spezifizierung der Wissensbestände auf ihre Dummheiten und Schadenspotentiale hin, um diese aus dem, was des Wissens wert ist, auszuschließen.[1]

In 102 Kapiteln mustert Agrippa die »artes liberales«, die verschiedenen philosophischen Teil-Disziplinen, religiöses und theologisches Wissen mitsamt seinen institutionellen Objektivierungen, etwa der Inquisition, Ökonomie (Haushaltung), Handel und Landwirtschaft, Medizin, Jurisprudenz und die jeweils angrenzenden Gebiete. Etwa ein Viertel der Kapitel be-

---

1 Die Zitate aus Agrippas Wissenskritik folgen der zweibändigen Ausgabe von Fritz Mauthner von 1913; vgl. auch die neue, von Siegfried Wollgast herausgegebene und von Gerhard Güpner in ein zeitgenössisches Deutsch übersetzte Edition (1993).

schäftigt sich mit dem okkulten Wissen: Astrologie, Magie, Alchymie.

Natürlich beginnt die Wissenschafts-Kritik nicht mit Agrippa, die Ahnenreihe seiner Gewährsleute reicht bis in die Antike zurück. So scharf die Kritik zum Teil ausfällt (sie hat Agrippa Verfolgungen der katholischen Kirche eingetragen), sie bewegt sich im konservativ-christlichen Rahmen: Als Werk der Menschen seien die Wissenschaften sowohl böse als gut; wenn sie von bösen Menschen betrieben werden, richten sie Schaden an, wenn von närrischen Menschen, bemänteln sie deren Narrheit. Einen Frommen und Vernünftigen werden sie nicht seliger machen (1913, Bd. 1, 17). Überdies reicht ein Menschenleben nicht aus, auch nur einer einzigen Wissenschaft nachzudenken, geschweige ihre Streitfragen zu klären und ihre Irrtümer zu beseitigen.

Agrippa steuert eigene Erfahrungen bei, die er etwa mit der Astronomie gemacht hat (die zu seiner Zeit noch nicht von der Astrologie unterschieden wurde). Diese Kunst beruhe »auf lauter Geschwätze und erdichteten Einbildungen«. Ihr Durcheinander in der Deutung des Firmaments und seiner Bewegungen ist »der Mathematicorum Ungeheuer«, das überdies für das irdische Geschehen bestimmend sein soll. Gottlos sei es, »der Sternen Influenz zuzuschreiben«, was allein in Gottes Hand liege, und »uns als Freigeborene, zu Knechten und Sklaven der Gestirne [zu] machen«. Vollends betrügerisch handeln die Sterngucker, die »die Ungelehrten ums Geld putzen« und sich gleich selbst mitbetrügen. Die Vorsichtigeren unter ihnen geben mehrdeutige Prophezeiungen. Falls »ohngefähr was eintrifft, so sammeln sie deswegen die Ursachen zusammen und stabilisieren ihre alten Weissagungen mit neuen Rationibus, aber post factum, damit sie dafür gehalten werden möchten, als wenn sie es zuvor gesehen hätten« (ebd., 121 ff.).

Über Magie und Alchymie urteilt Agrippa zurückhaltender. Er unterscheidet natürliche und mathematisch kalkulierte Magie: Erstere studiert und unterstützt in der Natur vorhandene (möglicherweise verborgene) Wirkungszusammenhänge; letztere will berechnend und konstruierend – wie die Natur – hervorbringen, etwa Körper, »die da gehen und reden können und doch keinen Geist oder virtutes animales [Lebenskräfte] an sich haben«. Einer Kunst, »welche den Himmel nachahmen will«, ist nicht zu trauen (ebd., 157 f.). Finster wird es bei der Magie als »Teufelsbannerei«, sei es, dass »die bösen Geister durch die Kraft des göttlichen Namens« beschworen werden, sei es, dass dem Teufel selbst gehuldigt und geopfert wird. Agrippa will hier nicht bloß Fabelei erkennen: Böse Geister gebe es, sie präsentieren sich leichter als Engel, »lassen sich gerne anrufen, lügen gerne und sind allzeit geschwinde zum Betrug da«. »Verblendung und Gauklerei« werden vorzugsweise »durch Raucherei und Dämpfe, durch Lichter oder Verblendungen […], mit Spiegeln und andern natürlichen und zu dieser Kunst geschickten Drogen und Instrumenten« gefördert (ebd., 176). Am Ende bekennt Agrippa: »Ich als ein Jüngling habe von dieser Kunst drei Bücher geschrieben, […] und habe sie tituliert de Occulta Philosophia, oder von der verborgenen Weisheit; was ich darinnen aus Kützel der Jugend geirret habe, das will ich jetzo, der ich nun klüger worden bin, revozieret« haben (ebd., 178 f.).

Knapp ist das Kapitel über Alchymie gehalten (ebd., Bd. 2, 111 f.). Agrippa gibt vor, Arkan-Verpflichtungen beachten zu müssen. Er verhehlt nicht seine Bewunderung für alchymische Leistungen bei der Farbengewinnung oder der Glasherstellung, kritisiert aber den »Schwindel« der Goldmacherei oder der Verheißung neuer Jugend und ewiger Gesundheit.

Wie Erasmus (der Agrippas wissenskritisches Buch geschätzt hat) die Eselsgestalt seiner Torheit in das Löwenfell der Bildung kleidet, so empfiehlt Agrippa am Ende seines Buches den »Meistern der Wissenschaften« (»ihr kumanische Esel«), sich die Löwenhaut abzuziehen; andernfalls »werdet ihr die göttliche Weisheit […] zu tragen recht ungeschickt und nichts nütze sein« (ebd., 182 f.). Was hier noch in einem Atemzug genannt wird: die Verpflichtung menschlicher Wissenschaft gegenüber Gott und der (daraus entspringende) Nutzen für die Menschen, wird in der Folgezeit mehr und mehr getrennt. Das Wissen löst sich vom theologischen (überhaupt an Autoritäten gebundenen) Legitimationsvorbehalt. Der Streit der Fakultäten um Wahrheitspflicht und Autonomie und die Suche nach Kriterien der Bestimmung von Wissenschaftlichkeit hat freilich die Unsicherheiten in den Grenzziehungen zum Esoterischen, Irrationalen, Pseudowissenschaftlichen nie restlos beseitigen können.

Das kann der Streit um die Wissenschaftlichkeit der Physiognomik im 18. Jahrhundert zwischen seinen Protagonisten Johann Caspar Lavater (1741–1801) und Georg Christoph Lichtenberg (1742–99) exemplarisch beleuchten: Über Physiognomik, darüber, wie aus der Körpergestalt, vorzugsweise aus dem Gesicht, auf das Innere, vorzugsweise die Denkungs- und Sinnesart zu schließen sei, wird seit der Antike nachgedacht. Lavater wollte aus einer »eingebildeten« eine »würkliche Wissenschaft« machen, von allen Zügen der Willkür und des Missbrauchs befreit, die es in ihrer Geschichte gegeben haben mochte. Erkenntnisleitend war für ihn der Gedanke, der göttliche Schöpfer habe »eine solche Proportion oder Analogie zwischen allen Theilen der Maschine des menschlichen Körpers festgesetzt«, dass es möglich sein müsse, daraus »den allseitigen Contour des ganzen Menschen« und seine »Beziehung auf die Seele« zu bestimmen (1772; 1991, 25 f.). Sein Verfahren skizziert er beispielhaft an der physiognomischen Erforschung der – Dummheit (ebd., 34 ff.): Dazu geht er in ein »Thorenhospital« und fragt, »was haben diese dem Scheine nach unglückselige Menschen Chrakteristisches in ihrem Aeußerlichen?« Er nimmt »die ganze Statur« in Augenschein, dann »Theil vor Theil an ihrem Körper«, konzentriert sich auf die »äußere Figur des Hirnschädels« in der Vermutung, dass sie sich nach der »Beschaffenheit, Lage und Größe« des Gehirns »werde geformet haben«. Er ergänzt die Beobachtung »von vorne her« durch eine solche des Profils, zunächst der Stirn: »Ich werde zum Exempel sagen: diese Stirne ist zu kurz, und zugleich so platt, das Haar so tief darüber herabgewachsen; jene ist zwar hoch und groß, aber sie ist zu glatt, kahl, oder so und so empor gefurcht; so und so gewölbt, so häutig, u.s.f.« Es folgen Augen, Nase, Lippen, Kinn, Hals, der hintere Teil des Kopfes, die Haare, Arme, Hände, Beine, die Stellung der Füße, der Gang. Die Frage, welche der beschriebenen Partien ihm entscheidend zu sein scheinen, will er durch Vergleich, Ausschluss und Klassifikation beantworten. Beobachtungen an Menschen in Gesellschaft schließen sich an, teils bestätigend, teils widersprechend. »Also lerne ich, daß ich äußerst behutsam und zurückhaltend seyn muß, sonst laufe ich Gefahr, in meinen Urtheilen übereilt und ungerecht zugleich zu seyn.« Die Eindrücke verdichten sich mit wiederholten Bestätigungen:

»Ich mache wieder eine Anwendung von meiner ersten Beobachtung; sie paßt sich vortrefflich. Ich sollte erschrecken, daß ich einen Menschen gefunden, der das Unglück hat dumm zu seyn; aber ich bin so boshaft mich zu freuen, nur darum, weil ich den Schlüssel zur Entzieferung der Dummheit gefunden zu haben glaube.«

Das moralische Bedenken (»du opferst [...] die Menschenliebe deiner Wissenschaft«) stellt Lavater mit der Versicherung zurück, die Identifizierung der Dummheit sei nicht sein Endzweck, sondern diene dazu, »Verstand und Tugend auf[zu]suchen«.

»Was für ein unermeßlicher Sprung von der Oberfläche des Leibes zum Innern der Seele!«, schreibt Lichtenberg in seiner Kritik *Über Physiognomik* (1778; 1949, 48). Vor dieser Kluft sieht er den Physiognomen ebenso verwegen wie hilflos stehen (ebd., 73):

> »Er schließt nicht etwa [...] aus schönen Armen auf schöne Waden oder wie der Arzt aus Puls, Gesichts- und Zungenfarbe auf Krankheit, sondern er springt und stolpert von gleichen Nasen auf gleiche Anlage des Geistes und [...] aus gewissen Abweichungen der äußeren Form von der Regel auf analogische Veränderungen der Seele. Ein Sprung, der [...] nicht kleiner ist als der von Kometenschwänzen auf Krieg.«

Physiognomik ist ihm »ein Glückspiel«, aber keine Wissenschaft (ebd., 59):

> »Wenn das Innere auf dem Äußern abgedruckt ist, steht es deswegen für unsere Augen da? Und können nicht Spuren von Wirkungen, die wir nicht suchen, die bedecken und verwirren, die wir suchen? So wird nicht verstandene Ordnung endlich Unordnung [...].«

Das Physiognomieren als selbstverständliche Praxis des Sich-Zurechtfindens im Alltag bestreitet Lichtenberg, trotz aller Unsicherheiten, nicht. Es gibt natürliche Zeichen der Affekte, eine unwillkürliche Gebärdensprache der Leidenschaften (was er Pathognomik nennt). Mehr Aufschluss sei aus Handlungen als aus

Abb. 3: Daniel Chodowiecki: Aufschneidrischer Narr

Körperkonturen zu gewinnen. Was hier zu erkennen und darzustellen möglich ist, sieht er in der Kunst verwirklicht, bei Shakespeare oder in den Kupferstichen William Hogarths und Daniel Chodowieckis. Zu denken wäre etwa an des letzteren Kalenderzyklus *Centifolium Stultorum – Narrheiten* von 1783, den Lichtenberg nur »kurz und zurückhaltend« kommentiert, um sich nicht mit dem ebenso mächtigen wie empfindlichen und rachsüchtigen »Orden« der hier Dargestellten anzulegen (1949, 626 ff.). So schreibt er beispielsweise zum »Aufschneidrischen Narr« (ebd., 629 f., Abb. 3):

> »Ein Aufschneider, dessen Bauch sogar mit der luftigen Substanz geladen zu sein scheint, von welcher der Mund überfließt. Der Vorrat ist beträchtlich. Indessen trotz der Zuversicht in seinen Mienen scheinen doch die Herren Auditores [Zuhörer] nicht gleich empfänglich zu sein. Wir überlassen es unsern pathognomischen Leserinnen und Lesern, auszumachen, welcher von beiden hier glaubt.«[2]

Demgegenüber kontert er Lavaters Behauptung, es sei unmöglich, dass die Leistung eines Newton aus dem »Kopfe eines Mohren« habe hervorgehen können, »dessen Nase aufgedrückt, dessen Augen zum Kopfe heraus ragen, dessen Lippen, so aufgeworfen sie sind, kaum die Zähne bedecken, der allenthalben fleischicht und rund ist« (1772; 1991, 14), mit der schlichten Frage: »Und warum nicht?« Der Zusammenhang von »Dummheit und dicke[n] Lippen« sei so unverständlich wie der von schönem Körper und schöner Seele (1778; 1949, 68, 72).

Desungeachtet haben Vorstellungen, aus Schädelformen oder Hirngewichten etwas über Dummheit oder Intelligenz herauslesen zu können, in rassistischen und frauenfeindlichen Hirngespinsten bis ins 20. Jahrhundert mit erschreckenden Ergebnissen fortgewirkt.

---

2 Chodowieckis Dummheits-Stiche folgen dem Narren-Panorama von Abraham a Sancta Clara, von dem freilich (wie Lichtenberg in der Vorbemerkung schreibt) »nichts beibehalten [wurde] als […] die Unterschriften«.

XIV Spezifizierungen der Dummheit –
Differenzierungen des Wissens

Nicht nur lassen sich Wissensbestände nach ihren Dummheiten spezifizieren, sondern auch Dummheiten hinsichtlich des über sie möglichen Wissens. Hier ziehen zunächst die Abweichungen von den überlieferten und zunehmend unsicheren Ordnungen die Aufmerksamkeit auf sich. 1586 erscheint *L'hospidale de pazzi incurabile* (*Das Hospital unheilbarer Narren*) von Tomaso Garzoni, für Foucault die literarische Ablösung des Narrenschiffs durch das Narrenhaus (vgl. 1973, 65 f.). Eingesperrt und ausgestellt werden in 29 Abteilungen dieses Hospitals Rasende und im Fieberwahn Phantasierende, Melancholiker und einsame Wilde, Müßiggänger und Nichtsnutzige, Säufer, Vergessliche und Demente, Stumpfe, Gedankenleere und Leblose, Schwerfällige und Einfältige, Zurückgebliebene und Hohlköpfe, Verwirrte und Benommene, Plumpe und Alberne, Perverse, Boshafte, Lächerliche, Aufgeblasene, Fälscher und Spieler und viele andere, bis zu den Starrsinnigen, Überschlauen, Zügellosen, Überspannten und Teuflischen (»die vieltausendmal den Galgen verdienen«), vervollständigt durch entsprechende Verrücktheiten im weiblichen Teil des Hospitals am Ende des Buches (Garzoni 2009, 189 ff.). Medizinisches Wissen von zeitgenössischen wie antiken Autoritäten wird bemüht, aber auch die Hilfe von Schutzgöttern angerufen, die den einzelnen Abteilungen zugeordnet werden.

Die Bemühungen um Spezifizierung der »folie« hat Foucault als Bewegungen einer Vernunft beschrieben, die das sie verunsichernde Gegenstück auf der Suche nach sich selbst umkreist. Dass dies ein langwieriger, verschlungener, mit Zufällen und Unklarheiten durchsetzter Prozess war, zeigt seine Genealogie des Wahnsinns-Diskurses in den europäischen Gesellschaften: Die seit dem 16. Jahrhundert entstandenen Internierungshäuser waren (von Ausnahmen abgesehen) keine medizinischen Einrichtungen, sondern Instanzen gesellschaftlicher Ordnungssicherung, die diejenigen, die die sozial-moralische Ordnung störten oder ganz aus ihr herausfielen – und das waren nicht nur

Irre, sondern auch Bettler, Vagabunden, Arbeitslose, Sträflinge –, unterschiedslos wegsperrten. Dabei blieb das, was »verrückt« genannt wurde, noch lange unterbestimmt. Seine Vielgesichtigkeit wurde unter verschiedenen Masken verborgen, bald als Ausprägung eines bösen Willens verstanden, bald als defiziente, »geblendete« Vernunft, die den Willen verformte und damit unschuldig machte. Foucault hat aus den Internierungsregistern einige der Beschuldigungsformeln herausgegriffen, die kennzeichnen, wen man da alles einsperrte: »›Hartnäckiger Kläger‹, ›äußerst prozeßsüchtiger Mensch‹, ›sehr böser und schikanöser Mann‹, ›Mann, der Tag und Nacht andere Leute mit seinen Liedern belästigt und die schrecklichsten Gotteslästerungen ausstößt‹, ›Plakatkleber‹, ›großer Lügner‹, ›unruhiger, mürrischer und verdrießlicher Geist‹«. Mit solchen Formeln werden nicht Krankheiten, sondern Verfehlungen bezeichnet, die als Störungen einer sozial-moralischen Ordnung wahrgenommen werden (1973, 129 f.).

Nicht nur Mediziner, vor allem Juristen bemühten sich in der Folge um eine Präzisierung der Begriffe, um (in der Tradition des römischen und kanonischen Rechts) die gesellschaftlichen Verantwortlichkeiten der Personen als Rechtspersonen festzulegen. Foucault zitiert das Beispiel einer »absteigenden Ordnung« aus Paolo Zacchias *Quaestiones medico-legales* von 1674, in der »›die Dummen‹, die als Zeugen auftreten, ihr Testament machen, heiraten, aber nicht in einen geistlichen Orden eintreten oder ein Amt verwalten können«, von den »Imbezilen« unterschieden werden, denen keine Verantwortung zugestanden werden kann, »ihr Geist liegt unterhalb des Alters, in dem die Vernunft beginnt«, und von den »Stupiden«, die juristisch unmündig bleiben und ein Testament nur dann anfertigen dürfen, »wenn sie noch genug Unterscheidungsfähigkeit haben, um ihre Verwandten zu erkennen« (ebd., 123).

Wo die Medizin seit dem 16. Jahrhundert ihre Krankheits-Klassifikationen ausarbeitet, finden auch die Formen des Wahnsinns ihre Stelle in einer Ordnung, die als Ordnung des Ordnungslosen nur in der Perspektive der Heilung ihrer Paradoxie entrinnen kann. Medizinische Theorie und Therapie entwickeln sich aber nicht kohärent: Mehr »als jede andere Krankheit hat der Wahnsinn bis zum Ende des 18. Jahrhunderts um sich herum eine ganze Sammlung von zugleich durch ihren Ursprung archaischen, durch ihre Bedeutung magischen und durch ihr Anwendungssystem außermedizinischen Praktiken aufrechterhalten« (ebd., 200). Nur langsam werden die Heiltechniken und Kuren aus globalen Bedeutungszusammenhängen gelöst und in körperbezogenen Behandlungen und Formen der Kommunikation zwischen Arzt und Patient weiterentwickelt. Spricht Foucault von der Spezifizierung des Wahnsinns seit dem 18. Jahrhundert (ebd., 399), meint er auch dann nicht einen linearen Fortschritt seiner medizinischen Bearbeitung, sondern eine Erfahrung der »Zerrissenheit«: Die Begriffe der »klassischen« Psychiatrie sind »Kompromisse, unaufhörliche Oszillationen zwischen jenen beiden Erfahrungsgebieten«, die das 19. Jahrhundert nicht zusammenzubringen vermocht hat: »medizinische Analytik« und »Internierungserfahrung« (ebd., 405 f.).

Angesichts unaufgelöster Irritationen im Prozess der Selbstfindung des Geistes richtet sich das Interesse an Spezifizierung im Wahnsinns-Diskurs vornehmlich auf die Grauzonen, die Gleichzeitigkeit unvereinbarer Wirklichkeitserfahrungen und Identitätsbildungen, die »Mischungen« aus Narrheit und Verständigkeit, wenn Narrheit sich mit einem klaren Kopf in ein und derselben Person verbindet.

Don Quijote zum Beispiel: Aus unmäßiger Lektüre von Ritterromanen zur Wahnidee getrieben, einer Welt des fahrenden Rittertums anzugehören, die alle begegnenden Wirklichkeiten in ihr Licht taucht und sich noch gegen die heftigsten illusionszerstörenden Widerstände mittels der in den Ritterromanen wirkungsmächtigen Zauberer immunisiert, ist er, bei aller Befangenheit in seiner Phantasiewelt, ein durchaus kluger und gebildeter Mensch: Er »verfiel in Unsinn nur, wenn man bei ihm an das Ritterwesen rührte, und in all seinen Reden zeigte er einen hellen offenen Kopf, so daß bei jeder Gelegenheit seine Taten seinen Verstand und sein Verstand seine Taten Lügen strafte« (1605/15; 1961, 2. Buch, Kap. 43).[1] Don Quijote kommt selbst darauf zu sprechen, dass

1 Dass in der literarisch-künstlerischen Schöpfung wie durch Übermaß an Romanlektüre und Theaterbesuch das Verhältnis von Phantasie und Wirklichkeit durcheinandergeraten kann, beherrscht noch

er in den Augen der anderen als Narr erscheint: »Wer kann zweifeln«, sagt er zu einem Landedelmann,

> »daß Ihr mich für einen unsinnigen verrückten Menschen haltet? Auch wäre es nicht verwunderlich, wenn dem so wäre, denn meine Taten lassen auf nichts anderes schließen. Wohl denn, trotz alledem will ich Euch zeigen, daß ich weder so verrückt noch so geisteskrank bin, wie ich Euch gewiß vorgekommen bin.«

Die Vernunftgründe seines Denkens und Handelns, die der Ritter nun vorbringt, geraten zu einem Loblied auf das fahrende Rittertum als Ideal der Lebensführung: gerade die Narrheit, die er bestreiten will (ebd., Kap. 17).

Don Quijotes Wahn ist ansteckend: Ein Gutteil seiner Abenteuer des zweiten Buches verdankt sich Begegnungen mit Personen, die das erste Buch gelesen haben (und auch die Fortsetzung eines Nachahmers, eines gewissen Alonso Fernández de Avellaneda) und nun seine Taten überboten sehen wollen, indem sie sie regelrecht inszenieren (wie etwa die Belehnung des Schildknappen Sancho Pansa mit der Statthalterschaft über eine Insel), und damit sich dem nämlichen Wahn ausliefern. Cervantes lässt seinen Erzähler sagen, »daß die Anstifter der Fopperei ebensolche Narren seien wie die Gefoppten«, sie seien »selbst keine zwei Finger breit von der Grenze der Verrücktheit entfernt«, wenn sie ihre Mühe darauf verwendeten, »ein paar Verrückte zum besten zu haben«.

Das Ende Don Quijotes (und des Romans) ist tückischer als es auf den ersten Blick scheinen mag, wenn der Wahnsinn sich seiner selbst entledigt: Don Quijote ist von dem als Ritter ver-

---

lange die Vorstellung über mögliche Wege in den Wahnsinn. Für Kant hat das Romanlesen, »außer manchen anderen Verstimmungen des Gemüts, auch dieses zur Folge, daß es die Zerstreuung habituell macht«. In der »Vorrede« zur *Anthropologie in pragmatischer Hinsicht* hat er Schauspiele und Romane als »Hülfsmittel« der Erkenntnis anerkannt, doch das Sich-Verlieren in der Lektüre für bedrohlich gehalten, wenn es das Erkenntnisvermögen zerrüttet (1798; 1964, 401, 521).

kleideten Baccalaureus Carrasco aus seiner Heimatgemeinde im Zweikampf besiegt worden, der ihn auf diese Weise von seinem Wahn befreien will und ihm das Gelöbnis abnimmt, in sein Dorf zurückzukehren und ein Jahr lang auf alle ritterlichen Aktivitäten zu verzichten. Auf dem Heimweg heckt der Geschlagene mit Sancho Pansa den nicht minder verrückten Plan zu einem arkadischen Schäferleben während der Zeit der Enthaltsamkeit aus. Zurückgekehrt wird er von einem Fieber befallen, das ihn aufs Sterbebett wirft. Dem Tode nahe, erkennt er seine Phantasiewelt als das, was sie ist, was seine Nächsten als Beginn einer »neuen Narrheit« beargwöhnen. »Die Zweideutigkeit« des Lebens als wahnbefangen und realitätstauglich, schreibt Foucault, »ist endlos reversibel und kann schließlich nur durch den Tod gelöst werden« (1973, 62).[2]

2 Zur Grabinschrift des Baccalaureus Carrasco, Don Quijote habe wie ein Verrückter gelebt und sei als ein Weiser gestorben, bemerkt Alfred Schütz, der den Roman als Variationen miteinander in Konflikt stehender Wirklichkeitserfahrungen (des Alltags, der Imagination, der Wissenschaft und anderer mehr) gelesen hat: »Aber hängt die Bedeutung von Weisheit und Verrücktheit nicht von dem Subuniversum ab, in dem allein diese Maßstäbe gültig sind? Was ist Verrücktheit, was Weisheit im gesamten Universum, das die Totalsumme aller unserer Subuniversa bildet?« (1955; 2003, 314)

XV Verhaltenslehren gegen Dummheit

In Baldesar Castigliones *Il libro del Cortegiano* (*Das Buch vom Hofmann*) von 1528 soll bei einer der abendlichen Gesellschaften am herzoglichen Hof von Urbino unter neu ausgedachten Spielen das würdigste ausgewählt werden. Einer der Vorschläge richtet sich auf die Torheiten der Anwesenden, die im Gespräch spielerisch und zum Nutzen aller aufzudecken seien. Trotz heiterer Aufnahme der Anregung wird der Abend nicht mit diesem Spiel zugebracht, sondern mit der Untersuchung der Frage, was einen vollendeten Hofmann und (im 3. Buch) eine vollkommene Hofdame auszeichnet. In diesem Rahmen kommt freilich der nicht verwirklichte Vorschlag doch noch zum Zuge, wenn über das dem Hofmann angemessene Scherzen debattiert wird (2. Buch, Kap. LI):

> »Auch verführt es sehr zum Lachen, […] wenn man mit gefälliger Anmut einige mittelmäßige und keiner größeren Züchtigung werte Fehler anderer vorbringt, wie etwa zuweilen einfache Dummheiten oder solche, die von etwas scharfsinniger oder bissiger Narrheit begleitet sind […].«

Berichtet wird über das Gespräch eines Herzogs mit einem Abt: Der Herzog fragt, wohin man die beim Palastbau ausgehobene Erde schaffen soll; der Abt antwortet, man könne doch einen Graben schaufeln und dahinein die Erde schütten. Der Herzog: Und wo werden wir die Erde hintun, die man aus diesem Graben ausheben wird? Der Abt: Lasst ihn so groß machen, dass beides hineingeht.

Was für den Adel über die Jahrhunderte, stets erneuert, selbstverständlich ist: Unterweisung und Einübung in das welt- und standesgemäße Verhalten, muss das Bürgertum, entsprechend seinem ökonomischen Machtzuwachs und seiner sozialen Konsolidierung erst noch entwickeln. Mit dem Nutzen nicht nur für diejenigen, »die […] vom Hofe /vom Degen«, sondern auch »von der Kauffmannschafft / Haußwirthschafft u. d. g. Profession machen«, rechtfertigt Christian Thomasius

seinen *Kurtzen Entwurff der Politischen Klugheit* (1710; 1971,
»Vorrede«) und bezieht das »Frauenzimmer« mit ein, »als welches auch die meisten Maximes mit denen Männern gemein
hat / oder haben soll«.[1] Die Menschen sollen weise und klug
handeln: sich auf das Gute richten, ein glückliches Leben anstreben, die förderlichen Mittel nutzen und die hinderlichen beiseitesetzen. Dazu müssen sie sich aus der Torheit herausarbeiten.
Auch Toren streben nach Glück, aber mit verkehrten Mitteln,
die aus Wollust, Ehrgeiz und Geldgeiz entstehen. Als Belustigung, Ehre und Reichtum sind diese »unschädlich«, geeignet,
um Schmerz, Schande und Armut zu vermeiden; doch in ihren
exzessiven Formen müssen ihnen Ehrbarkeit, Wohlanständigkeit und Gerechtigkeit entgegengesetzt werden. Die Toren sind
entweder listig und verschlagen oder einfältig und dumm (ebd.,
Cap. I):

> »§ 32 Die Arglistigkeit ist eine falsche Klugheit / (und also eigentlich eine Thorheit) welche einen geschickt macht / solche
> Mittel zu erfinden / auszulesen und anzuwenden / dadurch
> er in seinem obgleich närrischen Thun den verlangten Endzweck erreichen / und anderer / insonderheit weiser Leute
> Unternehmen verhindern möge. § 34 [...] Tummheit aber ist
> eine gäntzliche Untüchtigkeit zu Erlangung seines Zwecks
> bequeme Mittel zu erfinden / oder anderer Leute Unternehmen / es mag weise oder närrisch seyn / zu verhindern / es
> geschehe denn mit offenbahrer Gewalt. § 36 Denn tumme

---

1 Die lateinische Ausgabe erschien 1705, die deutsche 1707. Das Werk
gehört zur Gattung der politischen Klugheitslehren des 17. und
18. Jahrhunderts, die Georg Stanitzek unter dem Titel *Blödigkeit*
(1989) untersucht hat. Blödigkeit indiziert »eine Art Zögern des Individuums vor dem Eintritt in die Moderne«. Blöde bzw. Blödigkeit
meint dem Grimm'schen Wörterbuch zufolge eine Schwachheit: des
Leibes, des Geschlechts (blöde = menstruierend), der Augen, des
Kopfes bzw. des Gehirns, aber auch von Sachen (etwa eine blöde =
ungesalzene Suppe); vor allem bedeutet es psycho-soziale Schwächen wie Scheu, Furchtsamkeit, Unerfahrenheit, Verlegenheit (die
Kant eine »Wirkung der Knechtschaft« genannt hat). Im Unterschied
dazu bezeichnet Blödsinnigkeit eine Krankheit des Kopfes.

Menschen machen in der Welt den grösten Hauffen; der Arglistigen sind wenig / und die allerwenigsten sind weise.«

Diese Verhältnisse zu ändern, macht politische Klugheit zum Programm. Dazu gehört die Einsicht, daß der Mensch praktisch wirksam sein soll: »Ein Weiser bringet sein Leben nicht mit Speculieren / sondern mit Thun und Arbeiten zu. Wer nichts thut / thut auch nichts gutes / sondern faullenzet« (Cap. IV, § 5). Das schließt für die »bürgerliche Gesellschaft« »Witz oder Geschicklichkeit / und Arbeit« als Mittel zur Lebenserhaltung ein (Cap. VIII):

»§ 9 [...] Arbeit ist ein Werck des Leibes; Geschicklichkeit aber ein Werck des Gemüths / und kan keines ohne das andere seyn / wenn man klüglich handeln will. Witz ohne Arbeit verwandelt sich in Betrug und Spitzbüberey. Esels-Arbeit aber ohne Witz [...] lässet solche Leute unter ihrer täglichen Arbeits-Last in der höchsten Armuth stecken.«

»Der Grund aller Gesellschafften ist die Conversation« (Cap. V, § 1). Die kann freilich misslingen. Nicht den sozialen Beziehungen entsprechend kommunizieren zu können gehört zur Torheit, nicht zu kommunizieren, um womöglich der Torheit aus dem Weg zu gehen, erst recht (ebd.):

»§ 6 Du willst denen Narren entweichen? wohin kanst du dich aber begeben / daß nicht der Narr / vor welchem du dich als vor deinem grösten Feinde am meisten zu hüten hast / dein steter Gefehrte seyn solte? dieses ist kein anderer / als DU selbsten; [...].«

Der Kluge sucht in der Konversation die »Mittel Strasse zwischen ungezähmter Unverschämtheit / und bauerhaffter Schamhafftigkeit« (ebd., § 33); er wird weder »überall herumschweiffen« noch »Leute-scheu« werden. Er wird eine standesgemäße »Höffligkeit« beachten: gegen Höhergestellte »ehrerbiethig«, gegen »unsersgleichen« freundlich und gegen Niedrigere »leuthselig« sein. Konversation ermöglicht es, andere Menschen kennenzulernen und darüber sich selbst: »daß man sich selbst kenne und genau untersuche / weil nichts mehr / als unsere eigene Thorheit / vor unsern Augen verborgen ist« (ebd., §§ 16 ff.). Nur mit Weisen kommunizieren zu wollen ist nicht praktikabel, so viele Weise gibt es nicht; und etliche von ihnen, die Absonderung und Einsamkeit empfehlen, sind selber närrisch. Vielmehr: »Tägliche Conversation [...] ist ein Liebes-Dienst / den man auch Narren erweisen muß« (ebd., § 27).

Zur politischen Klugheit gehört ein Erziehungsprogramm, das aus dem Stand der Torheit herausführen soll. Ein kluger Mensch studiert die Wissenschaft, die, »wo nicht allein / doch fürnemlich dem menschlichen Geschlecht nutzbar ist / nemlich er studiret im Buche der menschlichen Natur«. Die aber muss man nicht in Büchern, sondern in den Menschen selbst suchen (Cap. IV, §§ 38, 42). Hierbei auf die Gelehrten zu hören, sei nur in Maßen klug, da es denen selbst oft an Klugheit mangele. (»Und es kan sowohl ein Gelehrter närrisch / als ein Ungelehrter klug sein«; Cap. I, § 56). Wenn man »fremden Beystandes« bedürftig sei (und es gibt fast keine Verrichtung in der Welt, für die das nicht gilt), muss ein Kluger, da Weise selten sind, »auch mit der Beyhülffe der Narren zufrieden seyn« (Cap. IV, § 48). Zudem gebietet die Klugheit, zur rechten Zeit selbst sich närrisch zu gebärden. Simulieren (so tun als ob) und dissimulieren (verbergen) sei eine Kunst, »die ein Kluger [...] brauchet / nicht daß er zum Thoren werde / sondern nach Gelegenheit sich närrisch stelle [...]« oder umgekehrt die Fehler der eigenen Torheit verberge und sich weiser stelle, als er ist, um »mehr Ehrerbietung zu erlangen oder zu bezeugen« (Cap. V, §§ 28 ff.).

Die politischen Klugheitslehren der Früh-Aufklärung geben den Glauben an die göttlich verbürgte Ordnung nicht preis, aber sie unterstellen die daran orientierte Lebenspraxis dem staatlichen Recht, verlagern die religiöse Verbindlichkeit in einen Freiraum bürgerlicher Selbstbestimmung. Auch die ständisch-hierarchische Gesellschaftsordnung wird (noch) nicht in Frage gestellt, doch von ihrer religiösen Fundierung gelöst: Das Soziale wird zu seiner Begründung auf sich selbst verwiesen. Die Menschen sind für ihr Zusammenleben verantwortlich; sie müssen selbst ordnungsmächtig werden, miteinander kommunizieren, sich in Gesellschaft angemessen bewegen, ihre Kräfte und Leidenschaften regulieren. Und als dumm gilt zunehmend, wer das nicht (zureichend) kann. Der Adel, der im Bewusstsein seines Herkommens und sozialen Ranges lebt, hat hier einen Vorsprung vor dem Bürgertum, das zwar Talent und Eigentum erben mag, aber seine gesellschaftliche Tauglichkeit und sein Selbstbewusstsein immer wieder aufs neue durch Leistung und Erfolg bewähren muss. Denis Diderot hat es dem Neffen des Komponisten Rameau im Gespräch mit dem Philosophen-Ich in den Mund gelegt (1761–76; 1968, 473):

> »Rameau zu heißen, das ist unbequem. Es ist nicht mit Talenten wie mit dem Adel, der sich fortpflanzt und dessen Herrlichkeit wächst, indem er vom Großvater zum Vater, vom Vater zum Sohn, vom Sohn zum Enkel übergeht, ohne daß der Ahnherr eine Forderung von Verdienst an seinen Abkömmling mache. Der alte Stamm ästet sich zu einem ungeheuren Narrenbaume (›une énorme tige de sots‹), aber was schadet das? Mit dem Talent ist's ganz anders. Um nur den Ruf seines Vaters zu erhalten, muß man geschickter sein als er [...].«

Im Laufe des Jahrhunderts kehrt sich der Dummheitsverdacht im Verhältnis von Bürgertum und Adel um: Seine Geburtsvorzüge und Herrscherrechte bezeichnet der Freiherr von Knigge im *Umgang mit Menschen* als »Grillen« (1788; 1964, 320). Die »mehrsten« der Fürsten und Hofleute sind »vornehme Pinsel«, »zugleich hochmütig, unwissend, dumm« (ebd., 328); sie gehören überwiegend zum »große[n] Haufen« der »hirnlosen Müßiggänger« (ebd., 349). Vom »Schauplatz des glänzenden Elends« soll man sich fernhalten, am »Hofgesindel« gibt es nichts, was der Nachahmung wert wäre. »Was hat ein müßiger Hofschranze, was hat ein reicher Tagedieb [...] vor dem fleißigen Bürger voraus, der seinen Unterhalt auf erlaubte Weise durch seiner Hände Arbeit erwirbt?« (ebd., 402)

Thomasius schrieb seine politische Klugheitslehre für beide Geschlechter: Mann und Frau sollen nach Weisheit und Klugheit streben. Wenn ein Narr eine Närrin heirate, würden sie zusammen noch närrischer. Klugheit sei die »reichste Mittgabe« der Frau, wichtiger als Schönheit, Reichtum und sozialer Stand (1710; 1971, Cap. VII, §§ 12 f.). Wo es an ihr fehle, wird dies man-

gelnder Erziehung zugerechnet (ebd., § 33).[2] Einer klugen Frau
soll der Mann nicht die Freiheit nehmen, »sich selbst zu gouver-
niren«, d. h. sich selbst zu regieren (ebd., § 29). Das gelte »seiner
Herrschaft unbeschadet«, die jedoch mehr in der Wahrnehmung seiner eigenen Freiheit zum Ausdruck kommen solle.
Wirkliche »Beherrschung ist nur bei thörichten Weibern
nöthig«. Der Mann soll erwerben, die Frau das Erworbene verwalten. »Wer der Frau Geld zu erwerben verstattet / der verkeh-
ret die Ordnung der Natur und das Recht aller vernünfftigen
Völcker« (ebd., § 31).

Anders als im Verhältnis von Adel und Bürgertum kehrt sich
im Verhältnis der Geschlechter die Zuschreibung der Torheit
nicht um, sondern wird verinnerlicht: Die Unterordnung der
Frau in der ständischen Gesellschafts- und Rechtsordnung, die
mit der Behauptung einer minderen Befähigung des weiblichen
Vernunftgebrauchs einhergeht, wird zu einer »Polarisierung der
›Geschlechtscharaktere‹« (Hausen 1976, 363 ff.) fortgeschrieben:
Der Mann wirkt aktiv und rational in die Welt hinein, die Frau
ruht passiv und emotional im Zentrum des Haushalts. »Blödigkeit« soll der (bürgerliche) Mann als Episode im Bildungsgang
wegarbeiten; für die (bürgerliche) Frau gilt sie als natürliches
Erbe, dessen Zwang jedoch von einigen Frauen bestritten wird
(vgl. Stanitzek 1989, 233 ff.): Christiane Mariane von Ziegler
(1695–1760) hat in ihrer *Abhandlung, ob es dem Frauenzimmer
erlaubet sey, sich nach Wissenschaften zu bestreben?* vor dem
männlichen Auditorium der Deutschen Gesellschaft in Leipzig,
in die sie 1730 als einzige Frau aufgenommen worden war, dis-

---

2 Dorothea Christiane Leporin (1715–62) hat sich in ihrer *Gründliche(n)
   Untersuchung der Ursachen, die das Weibliche Geschlecht vom Studiren abhalten* (1742; 1977) mehrfach auf Thomasius berufen: Er ist einer ihrer Gewährsleute für das Argument gleicher Eignung der Geschlechter zum Studium (»daß Weibes- so wohl als Mannes-Perso-
   nen zur Gelehrsamkeit fähig seyn«, § 88), wie auch für die Forderung
   eines universalen Studiums der Frauen: »ob denn meine Meynung
   dahin gehe, daß ein Frauenzimmer das alles zusammen inne haben,
   und zugleich in Sprachen, in der Welt-Weißheit, in der Theologie, in
   der Jurisprudenz, in der Medicin und in der Oeconomie versiret seyn
   müsse? ich antworte mit Ja« (§§ 266 ff.).

kutiert, wie mit der den Frauen unterstellten natürlichen Blödigkeit umzugehen sei (1739, 394):

»Meine Herren, Die sonst dem weiblichen Geschlechte ange-
bohrene Blödigkeit sollte mich abhalten, eine solche Anzahl
ansehnlicher und gelehrter Männer in mein Zimmer zu bemühen. Allein es verdoppeln sich vielmehr die Kräfte des
Geistes, und ihre Gegenwart ermuntert mein Nachsinnen.
Was sollte ich fürchten?«

Ihre Geschlechtsgenossinnen fordert sie auf, »die Thorheiten,
so man ihnen mit Recht vorwerfen kann, abzulegen und der
Vernunft Gehör zu geben«. Mehr noch aber führt sie Klage über
sogar angesehene und gelehrte Männer, die auf alle nur erdenk-
liche Weise die Frauen »in die andere Welt« ihrer Haushaltung
verbannt sehen wollen (ebd., 395 f.):

»Kein Kluger wird behaupten, daß es allem Frauenzimmer an
Fähigkeit mangele, mehr zu fassen, als man gemeiniglich von
ihrem Geschlechte fordert. Man wird auch kein Gesetze an-
führen können, welches die Weiber ausschlieset, der Weisheit nachzugehen, die man durch Wissenschaft erlangen
kann.«

XVI Der Hofnarr auf dem Gipfel der Weisheit und sein Abstieg

Die Welt ist aus den Fugen: »Liebe erkaltet, Freundschaft fällt ab, Brüder entzweien sich; in Städten Meuterei, auf dem Lande Zwietracht, in Palästen Verrat und das Band zwischen Sohn und Vater zerrissen.« So der Earl of Gloucester im *King Lear* von William Shakespeare in der zweiten Szene des ersten Akts (I,2). Während Gloucester den Stand der Sterne dafür verantwortlich macht, besteht Edmund, sein »bastard son«, darauf, dass dies allein den Menschen zuzuschreiben ist. Er spricht von »ausbündiger Narrheit […], als wenn wir Schurken wären durch Notwendigkeit; Narren durch himmlische Einwirkung; Schelme, Diebe und Verräter durch die Übermacht der Sphären; Trunkenbolde, Lügner und Ehebrecher durch erzwungene Abhängigkeit von planetarischem Einfluß; und alles, worin wir schlecht sind, durch göttlichen Anstoß. Eine herrliche Ausflucht für den Liederlichen« (ebd.). In der Erklärung solcher Schurkereien klarsichtiger als sein Vater, wird er sie mit vollem Bewusstsein und Willen begehen. *King Lear* ist die Tragödie dessen, der seine machtgestützte Autonomie, durchsetzt mit verblendeter Vater-Autorität, preisgibt und in Abhängigkeit gerät, des abdankenden Herrschers von den Empfängern seiner Herrschaft, des Vaters von den beschenkten Töchtern, gesteigert durch (Selbst-)Täuschung, Demütigung und Verrat, die ihn – im Sturm der Elemente tobt »the tempest in my mind« (III,4) – in den Wahnsinn treiben.

Auf diesem Weg wird er von einem Narren (»fool«) als Zerrspiegel seines Alter Ego begleitet: In I,4 bietet zunächst der wegen seiner Kritik verbannte Earl of Kent verkleidet und unerkannt Lear seine Dienste an; gefragt, was er könne, antwortet er im Narren-Ton: »Ich kann ein erlaubtes Geheimnis verschweigen, reiten, laufen, eine hübsche Geschichte langweilig erzählen, und eine deutliche Botschaft ungeschickt bestellen«. Der hinzutretende Narr will Kent gleich seine Kappe übergeben und bedauert, nicht noch eine zweite zu haben, die soll sich Lear von seinen Töchtern erbitten. Lear: »Nennst du mich Narr, Junge?«

Narr: »Alle deine andern Titel hast du weggeschenkt, mit diesem bist du geboren.« Kent: »Darin ist er nicht so ganz Narr, Mylord.« Narr: »Nein, mein Seel, Lords und andere große Herren würden's mir auch nicht ganz lassen; hätt' ich ein Monopol darauf, sie müßten ihr Teil daran haben«. Als der Narr um einen Schulmeister bittet, der ihn lügen lehrt, droht Lear mit der Peitsche, wenn er lüge. Der Narr wundert sich: Deine Töchter »wollen mich peitschen lassen, wenn ich die Wahrheit sage; du willst mich peitschen lassen, wenn ich lüge, und zuweilen werde ich gepeitscht, weil ich's Maul halte. Lieber wollt' ich alles in der Welt sein, als ein Narr: und doch möchte ich nicht du sein, Gevatter.« Später, im Gewittersturm, wenn Lears Wahnsinn auszubrechen beginnt, wird der Narr wortkarg; am Wahnsinn bricht sich sein Witz: »This cold night will turn us all to fools and madmen« (III,4).

In *Twelfth Night* (*Was ihr wollt*) ruft Feste, Hofnarr (»clown«) der Gräfin Olivia, den Geist an, ihn in eine »gute Narrenstimmung« zu versetzen (I,5):

> »Jene klugen Geister, die denken, dich zu besitzen, erweisen sich sehr oft als Narren, und ich, der ich sicher bin, daß es mir an dir mangelt, könnte als weiser Mann gelten. Denn was sagt Quinapalus [eine erfundene gelehrte Autorität]? ›Besser ein geistreicher Narr als ein närrischer Geist‹.«

Fragt der Herzog von Illyrien Feste, wie es ihm geht, antwortet er: »Wahrlich, Herr, besser meiner Feinde wegen und schlechter meiner Freunde wegen.« Des Herzogs Verwunderung über die scheinbare Ungereimtheit löst er auf: Die Freunde »loben mich und machen einen Esel aus mir. Meine Feinde hingegen sagen mir rundheraus, daß ich ein Esel bin; so profitiere ich, Herr, durch meine Feinde in meiner Selbsterkenntnis und durch meine Freunde werde ich betrogen« (V,1). An Feste entwickelt die schiffbrüchig an den Hof des Herzogs verschlagene Viola den Ansatz einer Hofnarren-Lehre (III,1):

> »Dieser Bursche ist weise genug, den Narren zu spielen; und um das gut zu machen, braucht er eine gewisse Intelligenz. Er muß auf die Stimmung der Opfer seines Spotts achten, auf

den Rang der Personen und den rechten Augenblick und wie der ungelernte Falke jeder Feder nachjagen, die ihm vor Augen kommt. Das ist eine ebenso mühsame Tätigkeit wie die Kunst eines weisen Mannes. Denn die Narrheit, die er weise zeigt, ist angebracht, doch weise Leute, der Narrheit verfallen, machen ihre Intelligenz durchaus anrüchig.«

Der Narr weiß um seine Narrheit und lockt die der anderen hervor, notfalls auch mittels tückischer Intrigen; dabei ist er nicht allein, er hat Mitstreiter unter den Bediensteten (und Angehörigen) der Gräfin: Dem unbeliebten Haushofmeister Malvolio wird ein gefälschter Brief in den Weg gelegt, um ihn zu Kleidungs- und Verhaltensweisen zu veranlassen, mittels derer er die Zuneigung seiner Herrin gewinnen soll, die ihn aber in den Augen der Umwelt zum »Tropf und Tölpel« (V,1) machen. Malvolio fällt auf den Streich herein und verhält sich dementsprechend: närrisch. Um die Gunst der Gräfin bewirbt sich auch Sir Andrew Aguecheek (»ague« bedeutet Schüttelfrost, »cheek« Wange, also etwa: »Wabbelbacke«). Sir Andrew (»a foolish knight«) soll die als Mann verkleidete Viola als vermeintlichen Konkurrenten um die Gunst der Gräfin zum Duell herausfordern. In dem folgenden Durcheinander wird nicht nur die Narrheit des Herausforderers, sondern auch die der Anstifter offenbar, und geschlagen wenden sie sich – »an ass-head and a coxcomb« – zum Wundarzt.

Bei Shakespeare stehen die Hofnarren im europäischen Feudalismus auf dem Gipfel der Weisheit inmitten unsicherer Verhältnisse. Dem Niedergang des Feudalismus geht der Niedergang der Hofnarren voraus. Es häufen sich unter ihnen Gelehrte, die fähig sind, ihre Rolle als Hofnarr zu reflektieren, und dies zum Teil auch tun, freilich auf höchst zwiespältige Weise. Zu ihnen gehörte David Faßmann (1683–1744), weitgereister und studierter Schriftsteller, der 1726 an den preußischen Hof Friedrich Wilhelms I. kam, wo er zum Konkurrenten des gelehrten Polyhistors und Hofnarren Jacob Paul von Gundling (1673–1731) wurde (seiner Nachfolge hat er sich bald entzogen). 1729 veröffentlichte er einen Traktat *Der gelehrte Narr*, eine wüste Sammlung, oder mit eigenen Worten: »eine gute Anzahl lustige Histörgen, Satyrische Einfälle und merckwürdige Discurse« in fünf

Abhandlungen. Darin stellt er dem wahren Gelehrten, der »starck am Geiste ist, ein herrliches Judicium [Urteilskraft] und eine glückselige Memoriam [Gedächtnis] besitzet, dessen Hertze zu keinem Stoltz und Hochmuth incliniret [neigt], in dem auch eine bescheidene vernünfftige Aufführung, und im übrigen Lust, nebst einem starcken Trieb zum Studieren stecket«, die falschen Abarten gegenüber (1729, 21):

> »Denn einer, welcher eine herrliche Memoriam, und kein gutes Judicium besitzet anbey aber zum Stoltz und Hochmuth incliniret, der wird ein gantz greulicher und unerträglicher gelehrter Narr […]. Gantz erbärmliche und elende Leute hingegen werden vollends aus denenjenigen, welchen sowohl das Judicium als die Memoria gebricht, und die noch darzu keine Lust zu dem Studieren haben, sondern bey denen Haaren darzu müssen gezogen werden. Aus diesen werden Stock-Narren, Ertz-Matzen und Lappen, ja rechte Schand-Flecken derer Gelehrten, die theils in Ansehung ihrer stoltzen Einbildungen, theils in Betrachtung der grossen Einfalt und Tummheit […] der gantzen Welt zum Spott und Gelächter dienen.«

Solche Typisierungen überschneiden sich mit anderen Diskursen, etwa der »Querelle des Anciens et des Modernes« (allerdings in ihrem grobschlächtig banalisiertem Abhub), wenn die Gelehrten getadelt werden, die sich an den längst vermoderten und verfaulten Alten orientieren. »Sollen sie aber selber etwas dencken reden und schreiben, was sich auf die gegenwärtige Zeiten und Umstände schicket, da ist niemand zu Hause« (ebd., 2).

Faßmann hat seinem »Tractat« eine »lustige Dedication« und eine »sonderbare Vorrede« vorangestellt. In der letzteren rühmt er den »Freyheit-liebende[n]« Thomasius, der mit den »schädlichsten Vorurtheile[n], insonderheit des Ehransehens und Alterthums« aufgeräumt und die »Welt-Weisheit« verbessert habe, und kontrastiert ihm in der Widmung das »gelehrte Monstrum« Peter Baron von Squentz, der, Platon im rechten Daumen und Aristoteles im Zeigefinger, die Staats-Klugheit »Fäust-dicke hinter denen Ohren, und die Rechts-Gelehrsam-

Abb. 4: Anonym: Der gelehrte Narr

keit [...] im Nacken, [...] von denen Fußsohlen bis an den Kopf von hohen Wissenschaften« strotzt, »wie ein Sack, wann er mit Quirlln und Rührlöffeln angefüllet ist«.[1] Der Widmungsträger ist Faßmanns Widersacher bei Hofe, Gundling, der auf dem Titelkupfer eines unbekannten Stechers abgebildet ist (Abb. 4):

1 Peter Squentz, Schreiber und Schulmeister zu Rumpels-Kirchen, ist Leiter des Spiels von Piramus und Thisbe im »Schimpff-Spiel« von Andreas Gryphius *Absurda Comica Oder Herr Peter Squentz* (1658). Von König Theodorus gefragt, was er studiert habe, antwortet er: »Ich bin ein Universalem, das ist in allen Wissenschaften erfahren.« (Peter Quince heißt er in Shakespeares *Sommernachtstraum*, dort ist er Zimmermann, aber in gleicher Funktion tätig.) Dass Faßmann Gundling verspotten wollte, hat er in den *Elisäischen Feldern* bestätigt (zit. bei Flögel 1789; 1977, 238 f.). – Zu Gundling vgl. Sabrow 2001.

Der gelehrte Narr, so die »Erklährung des Kupffers«, ist von zwei Silenen (in der griechischen Mythologie Mischwesen aus Mensch und Pferd) und etlichen Affen und Hasen umgeben, die »von seinen gelehrten Discoursen zu profitiren« suchen. Ein Silen (»des Bacchi Pfleg-Vater«) hält ihm ein Buch vor, »aus welchem ein unartiger Affe ein Blatt reisset, und seinen Hintersten damit wischet«. Der gelehrte Narr will den Affen »mit einem Stecken auf den Kopf schlagen«, wird aber von dem anderen Silen mit einer »Pfeiffe Toback« zu besänftigen gesucht. Am Fuße des Stuhls des gelehrten Narren steht eine »Bouteille mit Bier«, »weil er immer durstig ist«.

1737 wurde der Historiker und Geograph Salomon Jacob Morgenstern (1706–85) am preußischen Hof als »lustiger Rath« in Dienst genommen. Im selben Jahr musste er an der Universität von Frankfurt an der Oder eine öffentliche Vorlesung über *Vernünfftige Gedancken von der Narrheit und Narren* halten (1737, 4, 9):

> »Ein närrischer Mensch bildet sich also ein / entweder durch falsche Absichten seine Glückseligkeit zu befördern; oder zu einem an sich vernünfftigen Endzweck durch unnüze Mittel zu gelangen. [...] Es ist anbey auch nicht zu vergessen / daß einige Verstand gnug haben / klüglich zu handeln / solches aber nicht wollen; andere aber aus Mangel des Verstands nicht können / ob sie schon wollten. Daraus entstehen die beyden Classen derer schlauen oder boßhafften; und derer einfältigen und tummen Narren.«.

In die eher konventionellen Bestimmungen flicht Morgenstern vorsichtig Überlegungen zur besonderen Situation seines eigenen Vortrags ein: Einen, der über Narrheit vortrage, müsse man nicht gleich für einen Narren ansehen, das seien eher diejenigen, die ihn dafür halten; es sei denn, dass eine Narrheit darin zu finden sei, dass der Vortragende »sein zeitlich Wohl bey Menschen [...] von Rang und Macht gesucht«, die ihn zu der Narrheit zwingen können, eine Vorlesung über Narrheit zu halten (ebd., 6). Dass dies an einer Universität geschieht, veranlasst Morgenstern, auch über die Gelehrten zu sprechen, die eigentlich »die Thorheiten der Welt bestreiten solten« (ebd., 21):

»Allein der Weg von der Dumheit und Thorheit zur entgegenstehenden Weiß- und Klugheit ist so schwer als ein ungebähnter und gefährlicher Steig über steile Klippen / zwischen Abgründen und Wasser. Was Wunder ists demnach / daß die Meisten / so diesen Weg betreten / entweder in die Tieffen der Narrheit! oder Moräste der Dumheit verfallen!«

Die Karrierre des Hofnarren lässt Diderot im Hause des reichen Bürgers Bertin zu Ende gehen; das macht der Neffe Rameaus im Dialog mit dem Philosophen-Ich beiläufig deutlich (1761–76; 1968, 446):

»Lange gab es einen wirklich betitelten Narren des Königs; niemals hat jemand den Titel eines Weisen des Königs getragen. Ich bin der Narr Bertins und mehrerer andern, Eurer vielleicht in diesem Augenblick, vielleicht seid Ihr der meine. Wer weise wäre, hätte keine Narren, wer einen Narren hat, ist nicht weise, und ist er nicht weise, so ist er ein Narr, und vielleicht wäre der König der Narr seines Narren.«

Diderot lässt *Rameaus Neffen* berichten, wie er an der Mittagstafel seines Patrons Bertin den Narren spielt. Witzig-frech benennt er das allgemeine Gesetz des Abstiegs aller Schmarotzer an der Tafel des Herrn vom Ehrenplatz bis ans Ende des Tisches, wo er, Rameau, längst sitzt »come un maestoso cazzo fra duoi coglioni« (»coglione« bezeichnet den Hoden, hat aber auch die Bedeutung von Dummkopf). Alle Welt lacht, nicht aber der Patron (ebd., 447):

»Rameau, Ihr seid ein impertinenter Bursche – Ich weiß es: denn auf diese Bedingung habt Ihr mich aufgenommen – Ein Schuft – Wie ein anderer – Ein Bettler – Wäre ich sonst hier? – Ich werde Euch hinauswerfen lassen – Nach Tische werde ich von selbst gehen – Das rat ich Euch […].«

Im Lichte des bislang gesicherten Mittagstisches, der nun verlorengeht, ist die närrische Rede »eine unvergleichliche, unbegreifliche, unverzeihliche Narrheit«. Am Neffen Rameaus lässt sich (mit Jean Starobinski) der Abstieg des Hofnarren nachvollziehen (1990, 273):

> »Gewiß hat der Narr früher in seiner traditionellen Rolle sich das Recht nicht nehmen lassen, die Damen und Herren für Narren gelten zu lassen; er konnte sie [...] an die gemeinsame Bedingung, an die natürliche Gleichheit, die Gleichheit in der allgemeinen Narrheit ist, erinnern. Aber die Zeiten haben sich geändert.«

An die Stelle des Fürsten tritt der neureiche Bürger; der bürgerliche Herr ist Herr »kraft seines Geldes«. Die Autorität des Fürsten sei »im wesentlichen unangreifbar« gewesen, und »die Rede des Narren, so kühn sie sein mochte, konnte ihr nicht schaden«. Die Autorität des Finanziers stützt sich »allein auf die Reichtümer gewöhnlich zweifelhafter Herkunft; sie ist mithin verletzbar; sie fühlt sich angegriffen, sobald sie verspottet wird« (ebd., 276).

Auch der Narr ändert sich: Der *Neffe Rameaus* nennt sich und seinesgleichen »eigennützige, niederträchtige, treulose Seelen«, aber nicht im Sinne von großen Schurken, sondern von »des espèces« (im Sinne von Flachköpfen und Nichtsnutzen): das ist »von allen Spitznamen [...] der fürchterlichste, denn er bezeichnet die Mittelmäßigkeit und drückt die höchste Stufe der Verachtung aus« (1761–76; 1968, 466):

> »ICH Es ist wenigstens unanständig seine Wohltäter lächerlich zu machen. ER Aber ist es nicht noch schlimmer, sich durch Wohltaten berechtigt glauben, den Begünstigten zu erniedrigen? ICH Aber wenn der Begünstigte nicht schon von selbst niedrig wäre, nichts würde dem Gönner diese Macht verleihen. ER Aber wenn die Personen nicht lächerlich von selbst wären, so gäbe es keine hübschen Märchen. Und ist es denn mein Fehler, daß sie sich mit Lumpen bepacken [...]?«

Rameaus Neffe spricht von einer »stillschweigende[n] Übereinkunft« mit den Bertins, dem bürgerlichen Typus des Herrn, »daß man uns Gutes tun wird und daß wir, früher oder später, das Gute mit Bösem vergelten werden« (ebd., 450), eine brüchige Übereinkunft, die keine dauerhafte »joking relationship« mehr begründet.

XVII Dummheiten im literarischen Leben des 18. Jahrhunderts

Alexander Popes *The Dunciad* besingt »die ernstesten und ältesten Dinge, das Chaos, die Nacht und die Dummheit«.[1] Die Dummheit (»Dulness«) ist die Tochter des Chaos und der Nacht. Ehe die Sterblichen schreiben und lesen lernten, und Pallas Athene dem Haupt des Donnerers entsprang, beherrschte die Dummheit den Geist in ursprünglicher Anarchie. »Die Dummheit hat ihr altes Recht noch immer, / Denn als gebor'ne Göttin stirbt sie nimmer« (I, 9 ff.). Warum wurde dieses Werk geschrieben? Sein Verfasser (so Martinus Scriblerus im Vorwort) »lebte zu einer Zeit, in der (nachdem die göttliche Vorsehung die Erfindung des Buchdrucks als Geißel für die Sünden der Gelehrten zugelassen hatte) das Papier so billig und die Drucker so zahlreich wurden, daß eine Sintflut

---

1 Popes *Dunciad* hat eine verschlungene Textgeschichte seit dem ersten Erscheinen 1728. Zitiert wird hier aus der *Dunciad in Four Books*« von 1743/1999 (bzw. einer deutschen Übersetzung von 1842). – Der Autor des Vorworts Martinus Scriblerus ist eine Kunstfigur und Namengeber eines Clubs, dem außer Pope unter anderen Jonathan Swift und John Gay angehörten. Er bezieht sich gleich zu Beginn auf die *Poetik* des Aristoteles (1448b): Homer habe nicht nur die Meisterwerke des heroischen Epos geschaffen, sondern mit dem *Margites* auch ein komisches Spott-Gedicht, von dem nur Bruchstücke überliefert sind (so zitiert Aristoteles im VI. Buch der *Nikomachischen Ethik* (1141a) den Vers »Weder zum Schaufeln noch Pflügen verliehen die Götter ihm Weisheit, / Noch zu sonstigem Werk«). Margites (»margos« bedeutet töricht, unsinnig, rasend) verkörperte den Dummkopf schlechthin oder, mit Scriblerus, »Dunce the first«, der nun in Popes *Dunciad* seine moderne Wiederauferstehung erlebt. – Das Grimm'sche Wörterbuch zitiert Adelungs Vermutung, dass das englische »dunce« (Dummkopf) um die Mitte des 18. Jahrhunderts als »duns« (aufgeblasener, eingebildeter Gelehrter) ins Deutsche kam, verweist aber auch auf althochdeutsch »duns«, »dunsen« (aufschwellen, Part. Perf.: aufgedunsen). Umstritten ist die Beziehung des Wortes zum Namen des Scholastikers Duns Scotus.

von Autoren das Land bedeckte; sie störten nicht nur täglich die Ruhe des rechtschaffenen Bürgers, sondern erhoben auch unbarmherzig Forderungen nach seinem Beifall, sogar nach seinem Geld, wobei sie weder den einen noch das andere verdienten« (1743; 1999, 70 f.). Es sind die kulturellen Folgen des Buchdrucks, die Ausbreitung der Lese- und Schreibfähigkeit, die Verallgemeinerung des Zugangs zum Wissen und zur Bildung, die – in der Industrialisierung literarischer Produktion, in der Vermehrung einer elenden Scribbler-Klasse, in der Auflösung gültiger Qualitätsmaßstäbe – eigene Formen von Dummheit hervorbringen, gegen die in Gestalt von Trivialität und Langeweile, von skrupellosem Plagiat und käuflicher Kritik Pope polemisiert (I,93 f. und 123 f.): »Poeten wachten nur mit regem Streben, / Des Schlafs beraubt, um Lesern ihn zu geben.« Was dabei herauskommt, ist »Eilfert'ger Unsinn, der des Hirnes Brei / Durchläuft im Zickzack, wie geschmolzen Blei.« Pope hat in der *Dunciad* persönliche Fehden und politische Gegensätze ausgefochten; darüber hinaus ist sie auch eine Stellungnahme in der »Querelle des Anciens et des Modernes«: für die Sache der Alten und derer, die sie zu ihrer machen, für die Antike als einzigartige Schulung der Bildung und des Geschmacks. Der Furcht vor dem Verlust dieser Welt und den drohenden Verdummungen der Moderne gibt das »mock-heroic poem« satirisch-apokalyptischen Ausdruck. Im Buch IV werden alle Dummköpfe vor den Thron der »Dulness« gerufen, um die Herrschaft des Chaos und der Nacht durch die Regierung ihrer Tochter wiederherzustellen: Sie segnet ihre »Kinder« und fordert sie auf, auszuschwärmen und von der Theorie zur Praxis überzugehen. Ihre Ansprache wird von einem gewaltigen Göttergähnen begleitet, dem niemand sich entziehen kann, das auf Kirchen, Schulen, Ämter und Armeen übergreift. Die Philosophie verschwindet, die Moral haucht ihr Leben aus, die Physik sucht vergebens Schutz, das Ungeklärte flieht umsonst zur Mathematik, die Religion verhüllt schamhaft ihre heiligen Flammen (IV,653 ff.):

»Chaos dein Reich hat sich emporgerafft,
Licht stirbt vor deinem Worte, das nichts schafft:
Anarch! Du Mächt'ger läßt den Vorhang fallen,
Und allgemeines Dunkel drohet Allen!«

Kämpfe um Regeln und freies Spiel literarischer Produktion, um Reichweite und Grenzen von Phantasie und Erfindung, um die Macht der Tradition und das Recht der Neuerung, um Autonomie oder Abhängigkeit künstlerischer Schöpfung von gesellschaftlicher Moral werden im 18. Jahrhundert auf vielen Feldern ausgetragen. Dort kommen immer auch Unsicherheiten und Konflikte im bürgerlichen Selbstverständnis, in der Verständigung über vernünftiges und närrisches Denken und Handeln zum Ausdruck. Eines der Kampffelder ist der Streit über die Rolle der komischen Person auf dem Theater. Diese wird, trotz ihrer langen Erfolgsgeschichte, unter dem Vorwurf poetischer Regellosigkeit und moralischer Verdorbenheit von der Bühne verbannt. Harlekin und Scaramutz, Hans Wurst und Pickelhering sehen sich von Johann Christoph Gottsched (im *Versuch einer critischen Dichtkunst*, 1730) wegen abgeschmackter Narrheiten, ungereimter Streiche und unflätiger Possen zu »Geschöpfen einer unordentlichen Einbildungskraft« erklärt. Lessing nennt dagegen (im 17. der *Briefe, die neueste Literatur betreffend*) Gottscheds Vertreibung des Harlekin »die größte Harlekinade [...], die jemals gespielt worden«. Im 18. Stück der *Hamburgischen Dramaturgie* empfiehlt er die Lektüre von Justus Mösers *Harlekin oder Verteidigung des Grotesk-Komischen* (1761), in der Harlekin selbst über sich spricht und über die »seltsamen Einfälle« der Gelehrten: Während alle Welt vor seiner Schaubühne herzlich lache, sitzt »der unerbittliche Gelehrte« in seinem Lehnstuhl und »rechnet nach Gründen aus, ob meine Vorstellungen gefallen können oder nicht« (²1777; 2000, 7). Neben den etablierten dramatischen Gattungen bittet er sich »mit aller Demut« für seine Harlekinaden den Rang aus, den »meine Vorfahren vor undenklichen Jahren ziemlich ruhig behauptet haben«, und rechtfertigt dies mit ästhetischen Argumenten: Die Verpflichtung auf Natur und Natürlichkeit setze zu enge Grenzen für die Einbildungskraft der Dichter; und das Theater werde primär nicht zur sittlichen Besserung, sondern um des Vergnügens willen besucht (ebd., 14). Gleichwohl lasse er sich auch die Besserung der Sitten auf seine Weise angelegen sein: Ähnlich der gezeichneten Karikatur werde durch »Übertreibung der Gestalten« die Wahrheit denjenigen, die aus Dummheit oder Trägheit ihr fern sind, nähergebracht. Die Übertreibung der Gestalten allein genügt freilich noch nicht; es müsse gezeigt werden, »wie selbige von der wahren Wellenlinie der Schönheit abweichen«. Er, Harlekin, bringe eine »besondere Art des Lächerlichen« auf die Bühne. Zwar habe sich das Lächerliche noch nicht genau bestimmen lassen, doch neige er zu der Auffassung, den Grundsatz »Größe ohne Stärke« dafür anzusehen: Cervantes' mannhafter Ritter sei »ein ausgehöhlter Körper, welcher Größe zeigt und Stärke lügt«. Wenn er, Harlekin, durch seine »groteske Figur« Könige, Philosophen, Helden vorstelle, dann müssen sie lächerlich werden, »ihre Torheiten müssen Pausbacken und ihre Fehler Bocksfüße bekommen« (ebd., 22 ff.). Das Geheimnis seiner Familie dabei sei, »daß ich in allen meinen Ausbildungen den Anstand einer Dummheit behalte. Dieser Anstand schattiert alle meine Gemälde und rettet meinen Rücken.« Wer das Unglück habe, Verstand und Ausdruckskraft zu besitzen, tue gut daran, »fürstlicher Torheiten zu schonen«; mit dem Anstand der Dummheit aber kann er Dummheiten aufdecken, »ohne die Empfindung des Getroffenen zu verbittern« (ebd., 30 f.). Die Selbstverteidigung Harlekins verwandelt ihn am Ende in eine geläuterte, weltläufige Kunstfigur, die Hans Wurst nicht zur Familie zählen will. Er wettert gegen die »Gespenster in meiner Gestalt« und gegen die »Bettler, welche unter meinem Namen die ehrbare Welt (mit Zweideutigkeiten) hintergehen«. Mösers Harlekin ist bescheiden: Er fordert nur eine Stunde vom Tage des Weisen für seine Narrheiten; und der sei »wahrlich weise, der nur eine Stunde [...] zu seiner nötigen Ermunterung anwendet« (ebd., 44). Harlekin (oder Scaramutz und die anderen Figuren der Commedia dell'Arte) spielen sich in die Gunst der bürgerlichen Gesellschaft.

XVIII Dummheit in Enzyklopädien des 18. Jahrhunderts

Wenn Dummheit nicht mehr durch einen Sprung in den Glauben lebenstauglich gemacht werden kann, dann müssen die Menschen andere Mittel ihrer Bearbeitung entwickeln – im Rahmen der Neuordnung ihrer Verhältnisse und der Aneignung der dafür notwendigen Fähigkeiten. Das Aufklärungsprogramm allgemeiner Mündigkeit reflektiert das wachsende Selbstbewusstsein des Bürgertums aufgrund seiner ökonomischen Leistungskraft, seine Ansprüche an politische und kulturelle Selbstbestimmung, aber auch die politischen und geistigen Hindernisse, die die alten Mächte zur Aufrechterhaltung ihrer Herrschaft behaupten, oder die die Bürger sich selbst in den Weg stellen, wenn es ihnen an emanzipativer Kraft gebricht. Dummheit ist zweifellos aufklärungshinderlich, und ihre Beseitigung gehört in die Verantwortung aller Bürger, soweit sie nicht als eine Erkrankung des Kopfes oder des Gemüts einer speziellen medizinischen Behandlung bedarf (mit graduellen Abstufungen und gleitenden Übergängen zwischen gesunden und kranken Denk- und Handlungsformen ist weiterhin zu rechnen).

Das Aufklärungsprogramm ist von einer explosionsartigen Vermehrung des Wissens begleitet, vor allem auf naturwissenschaftlich-technischem Gebiet, das es möglichst umfassend und übersichtlich aufzubereiten und zugänglich zu machen gilt. Neu ist das Problem nicht. Seit der Antike gibt es Versuche der Wissenssammlung und -darstellung verschiedener Gegenstandsfelder, nach unterschiedlichen Ordnungskriterien, mit Namen wie Theater, Schatzkammer, Zeughaus usw. Die bunte Vielfalt der Namen weicht im Laufe der Zeit wenigen, die Sache nüchterner und genauer bezeichnenden Titeln: Enzyklopädie, Wörterbuch, Lexikon, mit alphabetischer Ordnung (und dem damit implizierten Problem der Zersplitterung des Wissens), mit einem Wandel vom gelehrten zum allgemeinverständlichen Schreiben (und der dennoch unaufgelösten Spannung von Experten- und Laienwissen), mit einer Erweiterung spezieller

Leserkreise zu einem unbegrenzten Publikum.[1] Das schließt die Dominanz der Wissensform genauer Unterscheidungen und Definitionen ein, auch da, wo die Unterschiede zerfließen, und die Definition an ihrem Gegenstand verzweifeln muss. Wie Dummheit und verwandte Wörter in Enzyklopädien der Aufklärung bearbeitet werden, sollen zwei Beispiele zeigen:

Zwischen 1732 und 1754 brachte der Verleger Johann Heinrich Zedler das *Grosse vollständige Universal-Lexicon Aller Wissenschaften und Künste* in 64 Bänden (plus vier Supplementbänden) heraus. Zur Dummheit finden sich zwei Einträge: in Bd. 43 »**Thumheit**«, so »nennet man das Unvermögen eines Menschen, da er sich in seinen Handlungen weder zu rathen noch zu helffen weiß«; und in Bd. 45 »**Tummheit**«, das als ein Mangel an Urteilskraft bestimmt wird. Unterschieden werden »zwey Arten tummer Leute. Einige sind inventiös, und haben allerhand Einfälle; aber ohne Judicio [Urteilskraft], welches die Disposition zur Thorheit oder Narrheit ist [verwiesen wird auf den Artikel ›Narr‹]. Andere hingegen haben nebst dem Mangel des Judicii auch einen Mangel des Ingenii [Verstand], welches man Stupidität oder verschlaffene Tummheit nennen möchte.« Das Stichwort »**Stupidität**« (Bd. 40) wiederholt die Unterscheidung und bringt den Zusatz, dass die Dummen der ersten Art (im Gegensatz zu den »verschlaffenen«) die »lebhafften« genannt werden. Auch das Stichwort »**Einfalt**« (Bd. 8) geht von der Zweiteilung der Dummen aus, fügt ihnen jedoch noch die »Redlichkeit des Gemüths«, die Unschuld in der Tradition der christlichen »Einfältigkeit«, hinzu. Der Artikel »**Narr, Thor**« (Bd. 23) umfasst beinahe sechs Spalten (dazu Zusammensetzungen von »Narren-Chronick« bis »Narren-Zoll«). Narr und Tor haben eine moralisch-philosophische und eine »im gemeinen Leben übliche Bedeutung«: »Im Moralischen Verstande kan man die Narrheit oder Thorheit abermals auf zweyerlei Art betrachten«, als Fehler oder als Handlung.

»Denn es sind zwey unterschiedene Dinge ein Narr oder Thor seyn; und närrisch oder thöricht handeln. Es kan auch

---

1 Zum »enzyklopädischen Schreiben« vgl. die Arbeiten von Ulrich Johannes Schneider 2008 und 2013.

einem vernünfftigen und klugen Menschen widerfahren, daß er entweder aus Übereilung, oder durch Antrieb eines Affects worinnen thöricht handelt.«

Der Fehler besteht in einem Mangel an »Beurtheilungs-Kraft« und einem »Antrieb des verderbten Willens«; ein Narr oder Tor ist »an beyden Kräften der Seele kranck«. Die Handlung kann den Zweck verfehlen, die Mittel oder die eigenen Kräfte. Das Verfehlen des »Endzwecks«, also die Bevorzugung des Irdischen gegenüber dem Himmlischen, wird an die »Christliche Klugheit« verwiesen, die hier nicht zu behandeln sei. Nach der »im gemeinen Leben üblichen Bedeutung« müssen Narren, die »den Gebrauch ihrer Vernunft verlohren und wahnwitzig oder unsinnig sind« (Verweis auf den Artikel »Raserey«), und solche, »die sich einer verstellten Narrheit anmassen«, auseinandergehalten werden. Letztere heißen »Schalcks- oder Stock-Narren«, die – außer an Theatern – an »grosser Herren Höfen« zu Hause sind. Sie werden getadelt, »weil solche Leute sich vorsetzlich des Gebrauchs ihrer Vernunft, des edelsten Kleinods eines Menschen, entsetzen«. Der Artikel über »**Raserey**« (Bd. 30) spricht von ihr als einer »Beraubung des Verstandes« und differenziert sie nach Graden abnehmender Schwere: von der »Tobsucht« (oder auch »Hirnwüten«) über den »Wahnwitz« (oder auch »Unsinnigkeit«) und die »Blödigkeit« (mehr eine »Betäubung als Verrückung der Sinnen und des Verstandes«) bis zur »Melancholey oder Schwermuth« (zu allen Formen gibt es entsprechende Einträge). Ein eigenes Stichwort hat der »**Wahn**« (Bd. 52): »eine ungegründete Meynung von der Gewissheit unserer Erkänntniß, oder eine leere Einbildung, die keinen Grund hat«. Die Oberflächlichkeit der Kenntnisnahme (anstatt den Dingen auf den Grund zu gehen), und die Verwechslung von Mutmaßung und Hörensagen mit Erfahrung und Wissen behindern Erkenntnis und Kommunikation.

Von 1751 bis 1772 wurde die *Encyclopédie ou Dictionnaire raisonné des sciences, des arts et des métiers* in 28 Bänden von Denis Diderot (1713–84) und Jean-Baptiste le Rond d'Alembert (1717–83) herausgegeben (1776/77 kamen fünf Suppléments und 1780 ein zweibändiges Register hinzu). Im »Discours préliminaire«

hat d'Alembert die Einheit und Ordnung des alphabetisch Zersplitterten zu sichern gesucht, ohne zu verkennen, dass die für die Einheit des Wissens notwendigen Einteilungen ihre eigenen Beschränkungen mit sich führen:

> »Der Dichter und der Philosoph behandeln sich gegenseitig als Verrückte, die sich an Hirngespinsten weiden [...] Der Gelehrte, der überall dort, wo er nichts von Tatsachen liest, nur Worte sieht, verachtet den Dichter und den Philosophen als Leute, welche sich für reich halten, weil ihr Aufwand ihre Mittel übersteigt.«

Die Emphase, mit der der Kampf der Vernunft gegen das, was ihr entgegensteht, vorgeführt wird, ist hier deutlicher als im Lexikon von Zedler, etwa im Artikel »**folie**« (Bd. 7):

> »Sich von der Vernunft entfernen, ohne es zu wissen, weil man keine Ideen hat, das ist dumm (›imbécille‹); sich von der Vernunft entfernen, obwohl man es weiß, aber mit Bedauern, weil man Sklave einer heftigen Leidenschaft ist, das ist schwach (›foible‹); aber sich von ihr entfernen, ganz unbefangen und in fester Überzeugung, ihr zu folgen, das, scheint mir, nennt man verrückt (›fou‹).«

Will man wissen, was Verrücktheit ist, muss man ihr Gegenstück studieren:

> Vernunft ist nichts anderes als die »Erkenntnis des Wahren; nicht des Wahren, das der Schöpfer der Natur sich vorbehalten hat, weit entfernt von unserem geistigen Vermögen, sondern des Wahren, das allen Menschen zugänglich ist, die die Fähigkeit der Erkenntnis haben, weil sie für sie notwendig ist, sei es, um ihr Leben zu erhalten, sei es, um ihr je besonderes Glück zu fördern oder zum allgemeinen Wohl der Gesellschaft beizutragen.«

Unterschieden werden das natürliche und das moralische Wahre; das Schwergewicht des Artikels liegt auf letzterem. Irrtum, der uns mit sich reißt, mündet in Verrücktheit. Was uns den

Geist verdreht, alle Illusionen der Eigenliebe, alle Leidenschaften, die uns blind machen, sind Verrücktheiten.

»Daß ein Mensch mit vollem Bewußtsein eine kriminelle Handlung begeht, macht ihn zum Verbrecher; daß er sie in der Überzeugung begeht, sie sei gerecht, macht ihn zum Verrückten. Das, was man ›Verrücktes sagen oder tun‹ nennt, ist nicht Verrückt-Sein [...]. Vielleicht ist es weise, auf die Schwäche unserer Natur aufmerksam zu machen. So sehr wir die Vorzüge unserer Vernunft hervorheben – es ist leicht zu sehen, daß sie uns eine beschwerliche Bürde ist, und daß wir, um unsere Seele davon zu entlasten, von Zeit zu Zeit wenigstens des Anscheins der Verrücktheit bedürfen.«

Es gibt gebilligte und missbilligte Verrücktheiten, traurige und fröhliche (letztere vor allem unter jungen Leuten). »Jeder erkennt die Verrücktheit, die nicht die seine ist, und oft ist es seine eigene, die er im Andern sieht.«

Das Stichwort »**sot**« (Bd. 15) hat der Chevalier de Jaucourt mit »**fat**« und »**impertinent**« verbunden. Dumm ist nicht nur der Dumme, sondern auch der Geck und der Impertinente:

»Der Dummkopf, anstatt sich zu beschränken, nichts zu sein, will etwas sein; anstatt zuzuhören, will er sprechen und sagt nur dummes Zeug (›des bêtises‹). Ein Geck spricht viel und in einer ihm eigentümlichen Manier; er weiß nichts, was im Leben zu wissen wichtig ist, er hört sich gern reden und bewundert sich. Zu seiner Dummheit fügt er Blasiertheit und Mißachtung hinzu. Der Impertinente ist ein Geck, der gleichzeitig gegen Höflichkeit und Anstand verstößt. Seine Vorhaben sind ohne Rücksicht, Überlegung und Achtung. Er verwechselt eine schickliche Ungezwungenheit mit einer übermäßigen Vertraulichkeit. Er spricht und handelt mit anmaßender Dreistigkeit – ein überspannter Geck oder Dummkopf ohne Feingefühl. Der Dummkopf langweilt; der Geck empört; der Impertinente stößt ab und macht zornig.«[2]

2 De Jaucourt nennt seine Gewährsleute seit Theophrast und Seneca (*De brevitate vitae* 12,7 f., mit dem Bericht über einen Römer, der, von

Kleinere Einträge gelten dem »**imbécille**« (Bd. 8), dem Dummkopf, »der unfähig ist, verschiedene Ideen auseinanderzuhalten,
zu vergleichen, zusammenzusetzen, zu entfalten oder davon zu
abstrahieren«. Dummheit ist in verschiedenen Graden ausge-
prägt; von der Verrücktheit unterscheidet sie sich darin, »daß
die Verrückten schlecht passende und überspannte Ideen zu-
sammenfügen, über die sie nichtsdestotrotz richtig räsonieren,
während die Dummköpfe wenig oder gar keine Ideen haben,
wenig oder gar nicht räsonieren, dem Stand ihrer Dummheit
entsprechend«. »**Idiot**« (Bd. 8) »sagt man von demjenigen, bei
dem ein natürlicher Defekt in den Organen, die den Operationen des Verstandes dienen, so groß ist, daß er unfähig ist, einen
Gedanken zu fassen.« Der Unterschied zum »imbécille« besteht
darin, »daß man Idiot von Geburt an ist und zum Dummkopf
erst wird«. Diderot versäumt nicht den Hinweis, dass der alt-
griechische »idiotes« »einen Privatmann bezeichnet, der zu-
rückgezogen lebt, fern von den Regierungsgeschäften, also einer, den wir heutzutage einen Weisen nennen würden«. »**Stu-
pidité**« (in Bd. 15 mit »**démence**« zusammengebracht) ist
geistige Stumpfheit, die (wenn sie nicht angeboren oder zufällig zugestoßen ist, etwa aufgrund eines Schlaganfalls) unter
räumlich isoliert lebenden oder an harte körperliche Arbeit gefesselten Menschen lokalisiert wird. »**Niais**« (Bd. 11) ist der einfältige Mensch, unerfahren in den sozialen Verkehrsformen
und von Sorglosigkeit begleitet. Vor falscher, simulierter Einfalt
wird gewarnt.[3] In »**foiblesse**« (Bd. 7) unterscheidet Diderot
Schwäche als eingewöhnte und als vorübergehende Verfassung
der Seele, die das Licht der Vernunft und die Prinzipien der Tu-

seinen Sklaven aus dem Bad gehoben und in einen Sessel gesetzt,
fragte: »Sitze ich schon?«). La Bruyère hat bereits »sot«, »fat« und »impertinent« zusammen vergleichend besprochen (im 12. Kap. »Des Ju-
gements« der *Caractères*, 1688; 1999, 468 f.).

3 Auf dieses Stichwort in der *Encyclopédie* hat Moses Mendelssohn
(1729–86) in seiner Arbeit *Über das Erhabene und Naive in den schönen Wissenschaften* Bezug genommen, um das Naive des sittlichen
Charakters davon abzugrenzen: »Niais bedeutet eine gedankenlose
und untätige Einfalt, oder eine Unwissenheit des gemeinen Weltge-
brauchs, die aus Dummheit entspringet« (1771; 2006, 249).

gend verfehlen lässt. Dem entspricht der Unterschied zwischen dem »Charakter des schwachen Menschen« und dem »Menschen, der Schwächen hat«:

> »Niemand ist frei von Schwächen, aber nicht jeder ist ein schwacher Mensch. Man ist ein schwacher Mensch, [...] entweder weil der Geist nicht aufgeklärt genug ist, um zu urteilen, oder weil er der Prinzipien nicht sicher genug ist, die ihn bestimmen, um darin festen Halt zu finden; man ist ein schwacher Mensch aus Furchtsamkeit, aus Trägheit, aus Nachgiebigkeit und Gleichgültigkeit einer Seele, die zu handeln sich scheut, und für die die kleinste Anstrengung eine Pein ist.«

Der »Charakter des schwachen Menschen« ist also recht eigentlich durch Charakterlosigkeit gekennzeichnet. Andererseits haben Menschen Schwächen, weil sie durch ein Gefühl dazu verleitet oder von einer Leidenschaft hingerissen werden. »Die Gewohnheiten haben über den einen alle Macht wie die Leidenschaften über den anderen.« Beiden spricht Diderot zu, daß sie ihren Zustand fühlen und unzufrieden mit ihm sind. Ohne dieses unglückliche Bewusstsein würde die eingewöhnte Schwäche in Dummheit (»imbécillité«) umschlagen, und die vorübergehende Schwäche in Verrücktheit (»folie«).[4]

Fasst man die verschiedenen Stichwörter zur Dummheit als Facetten ihres thematischen Feldes auf, scheint eine Ambiva-

---

4 Zum Artikel »foible« hat Voltaire beigetragen: »Man spricht es faible aus, und manche schreiben es auch so. Es ist das Gegenteil von stark, und nicht von hart und fest [...]. Die Schwäche des Herzens ist nicht die des Geistes, die Schwäche der Seele nicht die des Herzens. Eine schwache Seele ist ohne Spann- und Tatkraft, sie überläßt sich denen, die sie beherrschen. Ein schwaches Herz [...] ändert seine Neigungen, widersteht keiner Verlockung und keinem Einfluß, und kann mit einem starken Geist zusammen bestehen, denn man kann stark im Denken und schwach im Handeln sein. Der schwache Geist empfängt Eindrücke ohne Widerstand, übernimmt Meinungen ohne Prüfung, erschrickt ohne Grund und verfällt leicht dem Aberglauben.«

lenz enzyklopädischer Unternehmen als Hilfsmittel der Aufklärung unvermeidlich: Der Anspruch auf universelles und verbürgtes Wissen streitet mit notwendiger Vereinfachung und gebotener Kürze (wobei durchaus auch längere Beiträge eingebunden werden können: die beiden hier nicht besprochenen Artikel im Zedler über »Unsinnig, rasend, wahnwitzig, verruckt, tobsüchtig« und über die entsprechenden Substantive umfassen 52 Spalten, der eine eine juristische, der andere eine medizinische Monographie). An Grenzen stößt die Präsentation des Wissens über die jeweiligen Weltausschnitte in der Erschließung ihrer Kontexte und Zusammenhänge. Versuche, sie mittels wechselseitiger Verweise zu sichern, werden nicht durchgehalten. Dass das ehrgeizige Verfahren der großen *Encyclopédie*, die alphabetische Folge der Stichwörter auf ein System menschlicher Erkenntnisfähigkeiten zu beziehen, auf Hindernisse stieß, ist bemerkt worden (Schneider 2013, 53 ff.). Enzyklopädien werden ein unverzichtbares Instrument der Wissensvermittlung, sie instrumentalisieren sie zugleich.

XIX Systematisierung der Dummheit – Kant

»Ich sehe demnach nichts Besseres für mich, als die Methode
der Ärzte nachzuahmen, welche glauben ihrem Patienten
sehr viel genutzt zu haben, wenn sie seiner Krankheit einen
Namen geben, und entwerfe eine kleine Onomastik der Gebrechen des Kopfes, von der Lähmung desselben an in der
Blödsinnigkeit bis zu dessen Verzuckungen in der Tollheit;
aber um diese ekelhafte Krankheiten in ihrer allmählichen
Abstammung zu erkennen, finde ich nötig, zum voraus die
mildere Grade derselben, von der Dummköpfigkeit an bis zur
Narrheit zu erläutern, weil diese Eigenschaften im bürgerlichen Verhältnisse gangbarer sind und dennoch zu den ersteren führen.«

Den kleinen *Versuch über die Krankheiten des Kopfes* (1764;
1960, Bd. 1, 885 ff.) motiviert Immanuel Kant (1724–1804) mit
Widersprüchen in der bürgerlichen Gesellschaft: Zwar sind
Vernunft und Tugend in aller Munde, aber damit noch nicht
verwirklicht; vielmehr kann der Eifer, über beides zu reden,
wohlgesittete Bürger (»die sich darauf verstehen, so zu scheinen«) davon entlasten, »sich mit ihrem Besitze zu belästigen«.
Kant ordnet die Gebrechen des Kopfes in einer graduell absteigenden Linie von leichteren zu schwereren Formen: Der
Dummkopf ermangelt des Verstandes, der stumpfe Kopf des
Witzes. Letzterer, dem etwas schwer in den Kopf hineingeht
(und auch aus demselben wieder heraus), »ob er es gleich nach-
hero mit größerer Reife des Urteils einsehen mag«, ist nicht
dumm. Ist einer schwach in der Urteilskraft, so heißt er »Einfaltspinsel« oder »Tropf«. Indessen haben sich in der bürgerlichen Gesellschaft die menschlichen Verhältnisse sehr verwickelt, sodass in der »Schelmensprache« ein redlicher Mensch als
Einfaltspinsel gilt und der Betrüger als verständig. Richtet gegenüber mächtigen Antriebskräften des Willens der Verstand
nur wenig aus, liegt ein Fall »gefesselter Vernunft« vor: »Torheit«. Die »gefesselte Vernunft« wird von der »verkehrten Vernunft« überboten: »Narrheit«. Der Narr »ist dadurch zugleich so

dumm gemacht, daß er alsdenn nur glaubt im Besitze zu sein, wenn er sich des Begehrten wirklich beraubt«, so wie ein Geiziger keines seiner Güter für entbehrlich hält, aber eben dadurch ihrer entbehrt, indem seine Kargheit seine Güter mit Beschlag belegt: Er kann gar nichts mit ihnen anfangen. Ein Tor könne »gescheut« werden, aber einen Narren klug zu machen, sei unmöglich: »Die Ursache ist, daß bei jenem doch eine wahre und natürliche Neigung herrschet, welche die Vernunft allenfalls nur fesselt, bei diesem aber ein albernes Hirngespenst, das ihre Grundsätze umkehret.«

Von den Gebrechen des Kopfes, die verachtet und verhöhnt werden, geht Kant zu jenen über, »die man gemeiniglich mit Mitleiden ansiehet«. Hier unterscheidet er Krankheiten der »Ohnmacht« und solche der »Verkehrtheit«: Erstere werden unter dem Titel der »Blödsinnigkeit« (Ohnmacht des Gedächtnisses, der Vernunft und der sinnlichen Empfindungen) gefasst. Letztere heißen Gebrechen des »gestörten Gemüts«, eingeteilt in: »erstlich die Verkehrtheit der Erfahrungsbegriffe« (»Verrückung«), »zweitens die in Unordnung gebrachte Urteilskraft« (»Wahnsinn«), »drittens die in Ansehung allgemeinerer Urteile verkehrt gewordene Vernunft« (»Wahnwitz«). Die »Verrückung« hat ihren Grund in Einbildungen abwesender oder in Verzeichnungen gegenwärtiger Dinge. Wer diese für wirkliche Erfahrungen nimmt, ist, je nach dem Grad der Stärke und Dauer, ein »Verrückter« oder ein »Phantast«. Hierzu zählt der Hypochonder, den »ein Blendwerk von einer Empfindung seines eigenen Zustandes, entweder des Körpers oder der Seele, die größtenteils eine leere Grille ist«, überwältigt. Der »Melancholicus« ist »ein Phantast in Ansehung der Übel des Lebens«. »Wer durch eine moralische Empfindung als durch einen Grundsatz mehr erhitzt wird, als es andere nach ihrem matten und öfters unedlen Gefühl sich vorstellen können«, mag in deren Vorstellung ein Phantast sein, ist aber im eigenen Verständnis ein »Enthusiast«, »und es ist niemals ohne denselben in der Welt etwas Großes ausgerichtet worden«. Anders der »Fanatiker (Visionär, Schwärmer)«: »Dieser ist eigentlich ein Verrückter von einer vermeinten unmittelbaren Eingebung, und einer großen Vertraulichkeit mit den Mächten des Himmels. Die menschliche Natur kennet kein gefährlicheres Blendwerk.« In der Verrückung steckt der Fehler in den Erfahrungsbegriffen, »die Urteile selber, wenn man die verkehrte Empfindung als wahr annehmen wollte, können ganz richtig, ja so gar ungemein vernünftig sein. Eine Störung des Verstandes dagegen bestehet darin: daß man aus allenfalls richtigen Erfahrungen ganz verkehrt urteilt« (»Wahnsinn«). Der Wahnsinnige bezieht alles und jedes auf sich, »er deutet gemeiniglich das Betragen anderer Menschen durch einen ungereimten Wahn auf sich aus und glaubet daraus wer weiß was vor bedenkliche Absichten lesen zu können, die jenen niemals in den Sinn kommen [...]. Es gibt aber auch allerlei ergötzenden Wahnsinn, und die verliebte Leidenschaft schmeichelt oder quälet sich mit manchen wunderlichen Deutungen, die dem Wahnsinn ähnlich sind.« Schließlich die in Unordnung gebrachte Vernunft, die »sich in eingebildeten feineren Urteilen über allgemeine Begriffe auf eine ungereimte Art verirret« (»Wahnwitz«). Hierher gehören »überfeine Einsichten« wie etwa »die Auslegung von Prophezeiungen«. »Der Zustand des gestörten Kopfes, der ihn gegen die äußere Empfindungen fühllos macht, ist Unsinnigkeit; diese, so ferne der Zorn darin herrscht, heißt die Raserei.«

Der *Versuch über die Krankheiten des Kopfes* ist modifiziert und erweitert in die Anthropologie (Kants regelmäßig wiederholte Vorlesung und das zuerst 1798 gedruckte Werk *Anthropologie in pragmatischer Hinsicht*) eingegangen, in den Abschnitt »Von den Schwächen und Krankheiten der Seele in Ansehung ihres Erkenntnisvermögens«. Das Programm der Anthropologie ist weiter gefasst, sie richtet sich über das Erkenntnisvermögen hinaus auch auf die Gefühle und das Begehrungsvermögen. »In pragmatischer Hinsicht« orientiert sie auf das, was der Mensch »als freihandelndes Wesen, aus sich selber macht, oder machen kann und soll«, auf sein Handeln und dessen Motivation«, auf die Klugheit des Handeln-Könnens und auf das Handeln-Sollen in Übereinstimmung mit der Vernunft-Bestimmung der menschlichen Gattung (1964, Bd. 6, 399 ff.).[1] Den »oberen« Erkenntnis-

1 Zur Idee der *Anthropologie in pragmatischer Hinsicht*, zu ihrer Einheit, ihrem Wissenschaftscharakter, ihren Quellen und Kontexten vgl. den kritischen Kommentar von Reinhard Brandt (1999). Dort auch die Anwendung des Kant'schen Ausdrucks »unter aller Kritik«

vermögen Verstand, Urteilskraft und Vernunft werden die defizitären und pathologischen Formen zugeordnet: »Gemütsschwächen« (ebd., 515 ff.) und »Gemütskrankheiten« (ebd., 526 ff.). Dummheit gehört zu den Schwächen, sie wird als »Mangel an Urteilskraft ohne Witz« bestimmt; Mangel an Urteilskraft mit Witz ist »Albernheit«.[2]

Kant geht eine Reihe von Fällen durch, in denen die Zuschreibung von Dummheit in die Irre führt: Ein »stumpfer Kopf«, langsam im Begreifen, ist ohne Witz, aber »darum noch nicht ein schwacher Kopf« (so wie es umgekehrt dem »von behenden Begriffen« an Gründlichkeit fehlen mag). »Einfältig ist der, welcher nicht viel durch seinen Verstand auffassen kann; aber er ist darum nicht dumm, wenn er es nicht verkehrt auffaßt.« Beschränkt (»borniert«) im Umfang der Begriffe zu sein, muss nicht Dummheit bedeuten, sondern es kommt auf die Beschaffenheit der Begriffe an. Für gänzlich verfehlt hält Kant den Spruch »ehrlich aber dumm«: »Er ist falsch: denn Ehrlichkeit (Pflichtbeobachtung aus Grundsätzen) ist praktische Vernunft. Er ist höchst tadelhaft: weil er voraussetzt, dass ein jeder, wenn er sich nur dazu geschickt fühlte, betrügen würde, und daß er nicht betrügt, bloß von seinem Unvermögen herrühre.« Dumm (oder besser: närrisch) ist der Betrüger deshalb, weil er das soziale Gewebe zerstört, das er sich für seine Betrügereien zunutze

(in der *Anthropologie* gilt er der Beschäftigung von Hofnarren) auf Kants Bemerkungen zu den Frauen und zu den Juden (ebd., 19 f.).

2 Für das Begreifen der Dummheit ist der Begriff der Urteilskraft zentral. In der *Kritik der reinen Vernunft* (in der »transzendentalen Analytik«) heißt es: »und so zeigt sich, daß zwar der Verstand einer Belehrung und Ausrüstung durch Regeln fähig, Urteilskraft aber ein besonderes Talent sei, welches gar nicht belehrt, sondern nur geübt sein will. Daher ist diese auch das Spezifische des so genannten Mutterwitzes, dessen Mangel keine Schule ersetzen kann« (1781; 1966, Bd. 2, 184). Regeln kann man lehren/lernen, aber für ihren richtigen Gebrauch im Beurteilungsprozess, ob ein konkreter Fall unter eine Regel fällt oder nicht, dafür gibt es selbst keine Regel, sondern das verlangt Reife, Beispiele, Erfahrung. Kant bemerkt in einer Fußnote zu der zitierten Stelle: »Der Mangel an Urteilskraft ist eigentlich das, was man Dummheit nennt«.

macht. Eine Schwäche in der Ausübung des Verstandes ist die »Unmündigkeit«, »das Unvermögen, sich seines Verstandes ohne Leitung eines anderen zu bedienen« (wie es schon in der Aufklärungsschrift von 1784 heißt). Reinhard Brandt (1999, 298 ff.) hat auf den eigentümlichen Bruch im Kant'schen Mündigkeitsprogramm hingewiesen, das die Frauen als »bürgerlich-unmündig« ausschließt; »der Ehemann ist ihr natürlicher Kurator« (in der älteren Bedeutung von Vormund). Süffisant fügt Kant hinzu, das Weib habe, »nach der Natur ihres Geschlechts, Mundwerks genug« und könne »dem Buchstaben nach gar für übermündig erklärt werden«. Dagegen wird der Anspruch der Landesväter und Kirchenhirten, »besser als ihre Untertanen [zu] verstehen, wie diese glücklich zu machen sind« bzw. dem Volk den Weg vorzugeben, »den es zum Himmelreich zu nehmen hat«, zurückgewiesen. Unmündigkeit ist ein »herabwürdigendes« Gemisch aus bequemem Wollen und bevormundetem Sollen.[3]

Bei den Krankheiten der Seele unterscheidet Kant zwei Hauptarten: die »Grillenkrankheit [Hypochondrie]« und das »gestörte Gemüt [Manie]«. »Bei der ersteren ist sich der Kranke wohl bewußt, daß es mit dem Laufe seiner Gedanken nicht richtig zugehe; indem den Gang derselben zu richten, [...] seine Vernunft nicht hinreichende Gewalt über sich selbst hat.« Das »gestörte Gemüt« ist »ein willkürlicher Lauf seiner Gedanken, der seine eigene [subjektive] Regel hat, welche aber den [objektiven], mit Erfahrungsgesetzen zusammenstimmenden, zuwider läuft«. Unterschieden werden: »Unsinnigkeit« (Unvermögen, die Vorstellungen in den zur Erfahrungsbildung nötigen Zusammenhang zu bringen), »Wahnsinn« (selbstgemachte Vorstellungen durch fehlgeleitete Einbildungskraft für reale Wahrnehmungen zu halten), »Wahnwitz« (gestörte Urteilskraft, die bloße Analogien mit Begriffen ähnlicher Dinge verwechselt)

---

3 Weitere Passagen zu den Gemütsschwächen gelten der Zerstreuung, dem »Pinsel« (nur zum Nachahmen geschickt), dem »Tor« (der Wertvolles wertlosen Zwecken aufopfert), der »Narrheit« (Torheit, die beleidigend gegenüber anderen ist); der Tor setzt »einen größern Wert in Dinge, der Narr in sich selbst, als er vernünftigerweise tun sollte«, »Laffen« sind junge, »Gecken« alte Narren.

und »Aberwitz« (Spekulation über Ideen, die des »Probiersteins der Erfahrung« überhoben sind). In der zuletzt genannten Gemütsstörung sei nicht bloß »Abweichung von der Regel des Gebrauchs der Vernunft, sondern auch positive Unvernunft, d. i. eine andere Regel, ein ganz verschiedener Standpunkt, worein [...] die Seele versetzt wird, und aus dem sie alle Gegenstände anders sieht«. Den »Keim der Verrückung« sieht Kant als natürliches Erbe. Jemand sei aus Liebe toll geworden oder habe sich »überstudiert« – das setze die Tollheit voraus und habe sie nicht erst als Folge. »Überstudieren« könne wohl das Gemüt ermüden, »so daß der Mensch darüber gar der Wissenschaft gram wird, aber es nicht verstimmen, wo es nicht vorher schon verschroben war«.

Übermäßiges Studieren galt seit der Antike als Motiv der Gemütsstörung: Seit den Pseudo-Hippokratischen Briefen aus dem ersten vorchristlichen Jahrhundert schicken die Bürger der thrakischen Stadt Abdera nach dem Arzt Hippokrates, er möge ihren Mitbürger, den Philosophen und Naturforscher Demokrit, untersuchen, weil sie seinen Geisteszustand für zerrüttet halten, für »überstudiert« – auch die zu Kants Zeit neueste Bearbeitung des Stoffs, die *Geschichte der Abderiten* (1774) von Christoph Martin Wieland, benutzt das Wort. Hippokrates besucht Demokrit, führt fruchtbare wissenschaftliche Gespräche mit ihm und erklärt anschließend die Abderiten für krank. Um sie zu heilen, sei seine ärztliche Kunst kaum ausreichend; der einzige, der ihnen von Grund auf helfen könne, sei Demokrit. Nun gelten die Bewohner von Abdera seit alters als wunderlich. Ihre Einbildung, heißt es in Wielands Roman, »gewann einen so großen Vorsprung über ihre Vernunft, daß es dieser niemals wieder möglich war, sie einzuholen«. Abderitischer Einfall und Schildbürgerstreich sind gleichbedeutend.[4]

4 Zur Wirkungsgeschichte der Pseudo-Hippokratischen Briefe und des in ihnen verhandelten Verhältnisses von Abderiten und Demokrit vgl. Rütten 1992. – Kant hat Wielands Werk geschätzt. Im *Streit der Fakultäten* hat er bei der Untersuchung der Frage, »ob das menschliche Geschlecht (im großen) zum Besseren beständig fortschreite«, neben anderen Vorstellungen dem »Abderitismus« eine Absage er-

Kant bemerkte die Schwierigkeit, im Falle der Gemütskrankheiten eine systematische Ordnung in das zu bringen, was wesentlich Unordnung ist. Da für eine Heilung die Mitwirkung der Betroffenen notwendig ist, schwindet die Aussicht darauf, wenn die Kräfte der Subjekte zu solcher Mitwirkung kaum ausreichen. Die Anthropologie könne hier nur »indirekt pragmatisch« sein und allenfalls »Unterlassungen gebieten«.

teilt: Er bezeichne »eine leere Geschäftigkeit, das Gute mit dem Bösen durch vorwärts und rückwärts gehen so abwechseln zu lassen, daß das ganze Spiel des Verkehrs unserer Gattung mit sich selbst auf diesem Glob als ein bloßes Possenspiel angesehen werden müßte« (1798; 1964, Bd. 6, 351 ff.).

XX Systematisierung der Dummheit – Hegel

Georg Wilhelm Friedrich Hegel (1770–1831) beginnt seine *Philosophie des Geistes* (³1830) mit dem »Erkenne dich selbst« des delphischen Apollo. Das Gebot will er nicht im Sinne »nur einer Selbsterkenntniß nach den particulären Fähigkeiten, Charakter, Neigungen und Schwächen des Individuums« verstanden wissen; es geht vielmehr um die Selbsterfüllung der Idee des Geistes (§ 377):

> »Alles Thun des Geistes ist deßhalb nur ein Erfassen seiner selbst, und der Zweck aller wahrhaften Wissenschaft ist nur der, daß der Geist in Allem, was im Himmel und auf Erden ist, sich selbst erkenne.«

Dieses Sich-auf-sich-selbst-Beziehen des Geistes, dieses »Nichtabhängigsein von einem Anderen«, das der Geist vielmehr als Negativität, als Widerspruch seiner selbst aus sich heraussetzt, und aus dem er – dieses »Anndersseyn« aufhebend – in sich zurückkehrt, begreift Hegel als Werk seiner Befreiung. Die Freiheit des Geistes ist »nicht etwas unmittelbar im Geiste Seyendes«, sondern wird durch seine Tätigkeit hervorgebracht (§ 382):

> »Die ganze Entwicklung des Begriffs des Geistes stellt nur das Sichfreimachen des Geistes von allen, seinem Begriffe nicht entsprechenden Formen seines Daseyns dar; eine Befreiung, welche dadurch zu Stande kommt, daß diese Formen zu einer dem Begriffe des Geistes vollkommen angemessenen Wirklichkeit umgebildet werden.«

Den Weg der Umbildung, der Weg des Geistes zu sich selbst, verfolgt Hegel vom subjektiven über den objektiven zum absoluten Geist. Der subjektive Geist steht »in der Beziehung auf sich selbst als auf ein Anderes«, ist von der Natur herkommender Geist (§ 385):

Seine Tätigkeit geht »darauf aus, sich als sich selbst zu erfassen, sich als Idealität seiner unmittelbaren Realität zu erweisen. Hat er sich zum Fürsichseyn gebracht, so ist er nicht mehr bloß subjectiver, sondern objectiver Geist. Während der subjective Geist wegen seiner Beziehung auf ein Anderes, noch unfrei oder – was dasselbe – nur an sich frei ist, kommt im objectiven Geiste die Freiheit, das Wissen des Geistes von sich als freiem zum Daseyn.«

Die höchste Stufe wird im absoluten Geist, in Kunst und Religion und Philosophie erreicht.[1]

Am Anfang steht der noch in der Natur befangene, auf seine Leiblichkeit bezogene, noch nicht freie Geist, die Seele als »Immaterialität der Natur«. Hegel spricht von der »Grundlage des Menschen« als »Gegenstand der Anthropologie«, Anthropologie nicht in pragmatischer, sondern in spekulativ dialektischer Hinsicht (ebd.):

»Das Erste in der Anthropologie ist die qualitativ bestimmte, an ihre Naturbestimmungen gebundene Seele [...] Aus die-

1 *Die Philosophie des Geistes* ist der dritte Teil der *Enzyklopädie der philosophischen Wissenschaften*, nach Logik und Naturphilosophie. Zitiert wird nach Bd. 10 der Glockner-Ausgabe (da der § 408 lang ist, wird die jeweilige Seitenzahl den Zitaten hinzugefügt). Hegels »philosophische Encyklopädie unterscheidet sich von einer andern gewöhnlichen Encyklopädie dadurch, daß diese etwa ein Aggregat der Wissenschaften seyn soll, welche zufälliger und empirischer Weise aufgenommen und worunter auch solche sind, die nur den Namen von Wissenschaften tragen, sonst aber selbst eine bloße Sammlung von Kenntnissen sind.« Demgegenüber Hegels En-kyklo-paideia: »Jeder der Theile der Philosophie ist ein philosophisches Ganzes, ein sich in sich selbst schließender Kreis, aber die philosophische Idee ist darin in einer besondern Bestimmtheit oder Elemente. Der einzelne Kreis durchbricht darum, weil er in sich Totalität ist, auch die Schranke seines Elements und begründet eine weitere Sphäre; das Ganze stellt sich daher als ein Kreis von Kreisen dar, deren jeder ein nothwendiges Moment ist, so daß das System ihrer eigenthümlichen Elemente die ganze Idee ausmacht, die ebenso in jedem Einzelnen erscheint« (*Enzyklopädie*, Erster Teil: *Die Logik*, Bd. 8, § § 15 f.).

sem unmittelbaren Einsseyn mit ihrer Natürlichkeit tritt die Seele in den Gegensatz und Kampf mit derselben [...]. Diesem Kampfe folgt der Sieg der Seele über ihre Leiblichkeit, die Herabsetzung und das Herabgesetztseyn dieser Leiblichkeit [...] zur Darstellung der Seele.«

Den Entwicklungsprozess der Seele begreift Hegel als ihren »Befreiungskampf«, um ihrer selbst mächtig zu werden, in dem als ein Durchgangsstadium »der Standpunkt der Verrücktheit« durchmessen wird, auf dem die Seele »mit sich selbst entzweit« und »in einer einzelnen Besonderheit festgehalten« ist.

Die Auffassung der Verrücktheit als eine in der Entwicklung der Seele notwendig hervortretende Form oder Stufe ist nun nicht so zu verstehen, dass »jeder Geist, jede Seele [...] durch diesen Zustand äußerster Zerrissenheit hindurchgehen [muß]. Eine solche Behauptung wäre [...] unsinnig«. Verrücktheit ist ein Extrem, das »der Menschengeist überhaupt im Verlauf seiner Entwickelung zu überwinden hat«, jedoch nicht in jedem Menschen als Extrem, »sondern nur in der Gestalt von Beschränktheiten, Irrthümern, Thorheiten« in Erscheinung tritt (§ 408, 207). Wann kippen Beschränktheiten, Irrtümer, Torheiten ins Extrem der Verrücktheit um?

»Sowohl über mich selbst, wie über die Außenwelt kann ich mich [...] irren. Unverständige Menschen haben leere subjective Vorstellungen, unausführbare Wünsche, die sie gleichwohl in Zukunft zu realisiren hoffen. Sie borniren [hier: versteifen] sich auf ganz vereinzelte Zwecke und Interessen, halten an einseitigen Grundsätzen fest, und kommen dadurch mit der Wirklichkeit in Zwiespalt. Aber diese Bornirtheit, sowie jener Irrthum sind noch nichts Verrücktes, wenn die Unverständigen zugleich wissen, daß ihr Subjectives noch nicht objectiv existirt. Zur Verrücktheit wird der Irrthum und die Thorheit erst in dem Fall, wo der Mensch seine nur subjective Vorstellung als objectiv sich gegenwärtig zu haben glaubt und gegen die mit derselben in Widerspruch stehende wirkliche Objectivität festhält.«   (Ebd., 213)

In der Verrücktheit wird für etwas Konkretes und Wirkliches angesehen, was »leere Abstraction und bloße Möglichkeit« ist. Den Grund für das Festhalten an einer mit der konkreten Wirklichkeit unvereinbaren besonderen Vorstellung sieht Hegel darin,

> »daß ich zunächst ganz abstractes, vollkommen unbestimmtes, daher allem beliebigen Inhalte offen stehendes Ich bin [...]. Nur der Mensch gelangt dazu, sich in jener vollkommenen Abstraction des Ich zu erfassen. Dadurch hat er, so zu sagen, das Vorrecht der Narrheit und des Wahnsinns. Diese Krankheit entwickelt sich aber in dem concreten, besonnenen Selbstbewußtsein nur in sofern, als dasselbe zu dem [...] ohnmächtigen, passiven, abstracten Ich heruntersinkt. Durch dieß Heruntersinken verliert das concrete Ich die absolute Macht über das ganze System seiner Bestimmungen [...].« (Ebd., 214)

Die »Macht der Besonnenheit und des Allgemeinen, der theoretischen oder moralischen Grundsätze über das Natürliche«, über »die selbstsüchtigen Bestimmungen des Herzens« lässt nach.

> »Es ist der böse Genius des Menschen, der in der Verrücktheit herrschend wird, und zwar im Gegensatze und im Widerspruche gegen das Bessere und Verständige, das im Menschen zugleich ist, so daß dieser Zustand Zerrüttung und Unglück des Geistes in ihm selbst ist.« (Ebd., 206)

Die Verrücktheit ist »nicht abstracter Verlust der Vernunft, – weder nach der Seite der Intelligenz, noch des Willens und seiner Zurechnungsfähigkeit, – sondern [...] nur Widerspruch in der noch vorhandenen Vernunft [...], wie die physische Krankheit nicht abstracter, d. i. gänzlicher Verlust der Gesundheit (ein solcher wäre der Tod), sondern ein Widerspruch in derselben ist« (ebd., 206 f.).

Selbst die Verrücktheit »haben wir als ein auf nothwendige – und in sofern vernünftige Weise in sich Unterschiedenes zu erkennen« (ebd., 219). Ihre Differenzierung will Hegel nicht nach ihren mannigfaltigen Äußerungen vornehmen, sondern nach ihren »Formunterschieden«, die sich aus dem In-sich-versunken-Sein des Geistes und seiner Abtrennung von der Wirklichkeit ergeben. Drei Hauptformen werden identifiziert: 1. das ganz unbestimmte In-sich-versunken-Sein als Blödsinn, als Zerstreutheit und als Faselei; 2. das unbestimmte In-sich-versunken-Sein bekommt einen bestimmten Inhalt, kettet sich an eine bloß subjektive besondere Vorstellung und nimmt diese für etwas Objektives: Narrheit; 3. der Verrückte weiß von dem Widerspruch zwischen seiner nur subjektiven Vorstellung und der objektiven Wirklichkeit und kann doch von dieser Vorstellung nicht lassen: Tollheit oder Wahnsinn.

Zu den Formen im einzelnen:

1. Das unbestimmte In-sich-versunken-Sein erscheint zunächst als Blödsinn, den es als natürlichen (»Cretinismus«) oder als menschengemachten (etwa durch »Uebermaaß der Ausschweifungen«) gibt; eine Erscheinungsform ist die »Starrsucht«: »eine vollkommene Lähmung der körperlichen wie der geistigen Thätigkeit« (ebd., 220 f.).

Zerstreutheit ist »Nichtwissen von der unmittelbaren Gegenwart«, »ein Versinken in ganz abstractes Selbstgefühl, [...] in eine wissenlose Ungegenwart des Geistes bei solchen Dingen, bei welchen derselbe gegenwärtig seyn sollte«. Hegel nennt das Beispiel eines französischen Grafen (La Bruyère hatte ihn in seinen *Caractères* geschildert), der, als seine Perücke an einem Kronleuchter hängen blieb, mit den anderen herzlich lachte und sich nach demjenigen umschaute, dem sie fehlte. Ein anderes Beispiel ist Newton, der nach dem Finger einer Dame griff, weil er ihn für einen Pfeifenstopfer hielt. »Solche Zerstreutheit kann Folge von vielem Studiren seyn; sie findet sich bei Gelehrten [...] nicht selten« (ebd., 221 f.).

Faselei nimmt an Allem ein Interesse, sie »entspringt aus dem Unvermögen, die Aufmerksamkeit auf irgend etwas Bestimmtes zu fixiren, und besteht in der Krankheit des Taumelns von einem Gegenstande zum anderen« (ebd., 222 f.).

2. Narrheit entsteht, wenn das In-sich-versunken-Sein des Geistes »einen bestimmten Inhalt bekommt, und dieser Inhalt zur fixen Vorstellung« wird (ebd., 223). Die Übergänge zur Narr-

heit sind fließend (ebd., 223 f.): Man finde vor allem in kleinen Städten Leute, »die in einen äußerst beschränkten Kreis von particulären Interessen dermaaßen versunken sind, und sich in dieser ihrer Bornirtheit so behaglich fühlen, daß wir dergleichen Individuen mit Recht närrische Menschen nennen. Zur Narrheit im engeren Sinne des Wortes gehört aber, daß der Geist in einer einzelnen bloß subjectiven Vorstellung stecken bleibt und dieselbe für ein Objectives hält«. Meistens rührt das daher, »daß der Mensch, aus Unzufriedenheit mit der Wirklichkeit, sich in seine Subjectivität verschließt«. Bei solchem Verhalten »kann die völlige Narrheit bald entstehen. Denn, falls in diesem einsiedlerischen Bewußtseyn noch eine Lebendigkeit vorhanden ist, kommt dasselbe leicht dahin, sich irgend einen Inhalt aus sich zu schaffen, und dieß bloß Subjective als etwas Objectives anzusehen und zu fixiren«. Während die Seele beim Blödsinn und bei der Faselei nicht die Kraft besitzt, etwas Bestimmtes festzuhalten, hat sie in der Narrheit genau dieses Vermögen, und das ermöglicht ihr noch eine Unterscheidung von ihrem fest gewordenen Inhalt. Deswegen fassen die Narren, »neben ihrer Verdrehtheit in Beziehung auf Einen Punkt«, Dinge richtig auf und sind zu verständigem Handeln fähig, und das erschwert mitunter ihre Erkennbarkeit als Narren.

3. In Tollheit oder Wahnsinn weiß »das verrückte Subjekt selber von seinem Auseinandergerissenseyn in zwei sich gegenseitig widersprechende Weisen des Bewußtseyns«, es fühlt »den Widerspruch zwischen seiner nur subjectiven Vorstellung und der Objectivität«, vermag dennoch von dieser Vorstellung nicht abzulassen, will sie vielmehr »durchaus zur Wirklichkeit machen, oder das Wirkliche vernichten« (ebd., 226). Wahnsinn muss nicht aus einer »leeren Einbildung« entspringen, sie kann »durch das Betroffenwerden von großem Unglück, – durch eine Verrückung der individuellen Welt eines Menschen, – oder durch die gewaltsame Umkehrung und das Aus-den-Fugen-Kommen des allgemeinen Weltzustandes bewirkt werden«. Die Französische Revolution gibt dafür ein Beispiel: Viele Menschen seien darüber wahnsinnig geworden. Ähnlich habe die religiöse Ungewissheit und Angst gewirkt, ob man »von Gott zu Gnaden angenommen sey« (ebd., 227). Das entsprechende Gefühl der inneren Zerrissenheit könne ein »ruhiger Schmerz«

sein, aber auch zur »Raserei« führen, zu einer »Wuth der Vernunft gegen die Unvernunft« oder umgekehrt. »Denn mit jenem unglücklichen Gefühle verbindet sich in den Wahnsinnigen sehr leicht, – nicht bloß eine von Einbildungen und Grillen gefolterte hypochondrische Stimmung, – sondern auch eine misstrauische, falsche, neidische, tückische und boshafte Gesinnung, eine Ergrimmtheit über ihr Gehemmtseyn durch die umgebende Wirklichkeit, über Diejenigen, von welchen sie eine Beschränkung ihres Willens erfahren«. Wo der Grimm »die finsteren, unterirdischen Mächte des Herzens« freisetzt und zu einer »Sucht, Anderen zu schaden«, erwacht, schließt dennoch solche Bösartigkeit »moralische und sittliche Gefühle nicht aus«. Beide treten vielmehr in einen unvermittelten Gegensatz und »eine erhöhte Spannung« zueinander (ebd., 227 f.).

Hegel hat die Formen der Verrücktheit in die systematische Bewegung des Geistes einbezogen. Wo es eine ganze Welt auf den Begriff zu zwingen galt, sollte die Negativität, die Entzweiung, die Vergänglichkeit, der Schmerz darin aufgehoben werden. Das Verständnis der Verrücktheit, nicht als Verlust der Vernunft, sondern als Widerspruch in ihr selbst, hält sie für ihre moralische und medizinische Bearbeitung offen. Für die letztere war Hegel auf die Leistungsfähigkeit der zeitgenössischen Psychiatrie verwiesen. Er rühmte die Verdienste des Arztes Philippe Pinel um eine »ebenso wohlwollende als vernünftige Behandlung« (§§ 408, 207).[2] Sie könne (vom Blödsinn abgesehen) gegen Narrheit und Wahnsinn »häufig mit Erfolg wirken, weil bei diesen Seelenzuständen noch eine Lebendigkeit des Bewußtseyns stattfindet, und neben der auf eine besondere Vorstellung sich beziehenden Verrücktheit noch ein in seinen übrigen Vorstellungen vernünftiges Bewußtseyn besteht, das ein geschickter Seelenarzt zu einer Gewalt über jene Besonderheit zu entwickeln fähig ist« (ebd., 229).

2 1801 war die Übersetzung von Pinels *Traité médico-philosophique sur l'aliénation mentale ou la manie* in Deutschland erschienen. Pinel hat den von La Bruyère beschriebenen und von Hegel aufgegriffenen Fall des zerstreuten Ménalque unter die Kategorie des »Blödsinns« gerückt (1801, 172), ebenso den Fall eines chaotisch Umtriebigen (ebd., 176 f.), den Hegel als Beispiel für »Faselei« zitiert (§ 408, 222 f.).

XXI Systematisierung der Dummheit – Schopenhauer

»Jedoch die größte Frechheit im Auftischen baaren Unsinns, im Zusammenschmieren sinnleerer, rasender Wortgeflechte, wie man sie bis dahin nur in Tollhäusern vernommen hatte, trat endlich im Hegel auf und wurde das Werkzeug der plumpesten allgemeinen Mystifikation, die je gewesen, mit einem Erfolg, welcher der Nachwelt fabelhaft erscheinen und ein Denkmal Deutscher Niaiserie [Dummheit] bleiben wird.« (*Die Welt als Wille und Vorstellung*, Bd. 1, Anhang: *Kritik der Kantischen Philosophie*)

Trotz der heftigen Invektiven Arthur Schopenhauers (1788–1860) gegen Hegel, hat Max Horkheimer darauf bestanden, dass beide im Begriff der Negativität der Geschichte sich nicht so fern waren (1961; 1985, 134 f.). Die Differenz sah er in der Weigerung Schopenhauers, »die Konsistenz des die Welt umspannenden Systems und damit die Entwicklung der Menschheit bis zu dem Zustand, auf dem solche philosophische Einsicht möglich wird, als Grund dafür anzuerkennen, das Sein zu vergotten. [...] Die Versöhnung, die Identität der Gegensätze, die der Gedanke erreicht, ist nicht die wirkliche Versöhnung« (ebd., 135). Schopenhauer wandte sich gegen eine »Abfertigung der Welt dadurch, daß man ihr den Titel Gott beilegt, oder, mit einer Niaiserie, wie sie nur das Deutsche Vaterland [...] zu genießen weiß, erklärt, es sei die ›Idee in ihrem Andersseyn‹, – woran die Pinsel meiner Zeit zwanzig Jahre hindurch ihr unsägliches Genügen gefunden haben« (*Die Welt als Wille und Vorstellung*, Bd. 2, 2. Buch, Kap. 28).

Die Welt ist Wille, ein grundloser bewusstloser Trieb, ein blinder unstillbarer Drang, ein »das An sich jedes Dings ausmachendes Streben«, als Wille zum Leben das innere Wesen aller organischen Natur, den Menschen eingeschlossen (ebd., Bd. 1, 4. Buch, § 57):

»Wollen und Streben ist sein ganzes Wesen, einem unlöschbaren Durst gänzlich zu vergleichen. Die Basis alles Wollens

aber ist Bedürftigkeit, Mangel, also Schmerz [...]. Fehlt es ihm
hingegen an Objekten des Wollens, indem die zu leichte Be-
friedigung sie ihm sogleich wieder wegnimmt, so befällt ihn
furchtbare Leere und Langeweile: d. h. sein Wesen und sein
Daseyn selbst wird ihm zur unerträglichen Last.«

Der Wille zum Leben, von Schmerz und Langeweile getrieben,
ist zugleich das Streben, Schmerz und Langeweile wegzuschaf-
fen, mit dem Ergebnis, dass sie in veränderter Gestalt wieder-
kehren und so den »Tanz« erneuern. Dem Willen geht in der
Welt als Vorstellung sein Spiegel auf, in dem »er sich selbst erkennt, mit zunehmenden Graden der Deutlichkeit und Voll-
ständigkeit, deren höchster der Mensch ist« (ebd., § 54). Die
»Form dieser Vorstellung ist Raum und Zeit, daher Alles für
diesen Standpunkt Seiende irgendwo und irgendwann seyn
muß. Zur Vorstellung gehört sodann auch der Begriff, das Material der Philosophie, endlich das Wort, das Zeichen des Begriffs«
(ebd., § 71) In dieser Welt als Vorstellung lokalisiert Schopenhauer mit den Leistungen des Verstandes, der Vernunft, der Urteilskraft, des Gedächtnisses zugleich deren jeweilige Defizite:
Mangel an Verstand ist Dummheit, Mangel an Vernunft (und
ihrer Anwendung aufs Praktische) ist Narrheit oder Torheit,
Mangel an Urteilskraft ist Einfalt, und Mangel an Gedächtnis ist
Wahnsinn.

Zu den Mängeln im einzelnen: Unter Verstand versteht
Schopenhauer die anschauende Vorstellung, »Erkenntniß der
Kausalität, Übergang von Wirkung auf Ursache und von Ursa-
che auf Wirkung, und nichts außerdem. Aber die Grade seiner
Schärfe und die Ausdehnung seiner Erkenntnißsphäre sind
höchst verschieden, mannigfaltig und vielfach abgestuft«.
Schärfe des Verstandes im praktischen Leben ist Klugheit, in
den Wissenschaften Scharfsinn.

»Mangel an Verstand heißt im eigentlichen Sinne Dummheit
und ist eben Stumpfheit in der Anwendung des Gesetzes der
Kausalität, Unfähigkeit zur unmittelbaren Auffassung der
Verkettungen von Ursache und Wirkung, Motiv und Handlung.«

Dem Dummen verschließen sich die Zusammenhänge der Naturerscheinungen (Bd. 1, 1. Buch, § 6):

> Er »merkt nicht, daß verschiedene Personen, scheinbar unabhängig von einander, in der That aber in verabredetem Zusammenhange handeln: er läßt sich daher leicht mystificiren und intriguiren [an der Nase herumführen]: er merkt nicht die verheimlichten Motive gegebener Rathschläge, ausgesprochener Urtheile u.s.w. Immer aber mangelt ihm nur das Eine: Schärfe, Schnelligkeit, Leichtigkeit der Anwendung des Gesetzes der Kausalität, d.i. Kraft des Verstandes.«

Hierbei kann der Wille nicht nur störend wirken, indem er die (wie gering auch immer entwickelte) Kraft des Verstandes weiter schwächt, sondern auch förderlich sein (Bd. 2, 2. Buch, Kap. 19):

> »Der Verstand des stumpfesten Menschen wird scharf, wann es sehr angelegene Objekte seines Wollens gilt: er merkt, beachtet und unterscheidet jetzt mit großer Feinheit auch die kleinsten Umstände, welche auf sein Wünschen oder Fürchten Bezug haben. Dies trägt viel bei zu der oft mit Ueberraschung bemerkten Schlauheit der Dummen.«

Dann gibt es die »Klasse von Vorstellungen [...], deren Stoff der Begriff und deren subjektives Korrelat die Vernunft ist« (Bd. 1, 1. Buch, § 7). Hier geht es um Bildung der Begriffe, Abstraktionen von der Anschauung, die Denken, Planen, Entwickeln von Handlungsmaximen erlauben, jenseits von Gegenwart und Umgebung. Begriffe gründen auf anschaulichen Vorstellungen, doch entsprechen sie ihnen nicht genau, sie stehen zu ihnen im Verhältnis der Inkongruenz (des Allgemeinen zum Besonderen), und das kann schnell ins Lächerliche kippen: Das Lächerliche ist »entweder ein witziger Einfall, oder eine närrische Handlung, je nachdem von der Diskrepanz der Objekte auf die Identität des Begriffs, oder aber umgekehrt gegangen wurde« (ebd., § 13).

Für den witzigen Einfall steht die Anekdote vom Schauspieler Unzelmann: Nachdem das Improvisieren auf der Bühne wegen mangelnder Zensierbarkeit verboten worden war, musste Unzelmann eines Tages zu Pferd auf die Bühne; als das Tier dort Mist fallen ließ, sagte er unter dem Gelächter des Publikums: »Was machst denn du? Weißt du nicht, daß uns das Improvisiren verboten ist?« Die Narrheit des Handelns belegt die Geschichte von den Gendarmen in der Wachtstube, die einem soeben eingelieferten Verdächtigen erlauben, an ihrem Kartenspiel teilzunehmen, ihn aber, als er dabei Streit provoziert, hinauswerfen: die Maxime »schlechte Gesellen wirft man hinaus«, lässt sie vergessen, dass es sich um einen handelt, den sie festhalten sollen (Bd. 2, 1. Buch, Kap. 8). Eine Mischform ist die Narrheit als Maske des Witzes: Das ist »die Kunst des Hofnarren und des Hanswurst: ein solcher, der Diversität [Verschiedenheit] der Objekte sich wohl bewußt, vereinigt dieselben, mit heimlichem Witz, unter einem Begriff, von welchem sodann ausgehend er von der nachher gefundenen Diversität der Objekte diejenige Ueberraschung erhält, welche er selbst sich vorbereitet hatte« (Bd. 1, 1. Buch, § 13).

Urteilskraft ist »die Vermittlerin zwischen Verstand und Vernunft« (ebd., § 14):

> Sie übersetzt das anschaulich Erkannte in angemessene Begriffe für die Reflexion, »so daß einerseits das Gemeinsame vieler realen Objekte durch einen Begriff, andererseits ihr Verschiedenes durch eben so viele Begriffe gedacht wird, und also das Verschiedene, trotz einer theilweisen Uebereinstimmung, doch als verschieden, dann aber wieder das Identische, trotz einer theilweisen Verschiedenheit, doch als identisch erkannt und gedacht wird [...].«

Mangel an Urteilskraft ist Einfalt: Der Einfältige verkenne »bald die theilweise oder relative Verschiedenheit des in einer Rücksicht Identischen, bald die Identität des relativ oder theilweise Verschiedenen« (ebd.).

Gedächtnis ist die stimmige Verbindung der Gegenwart mit der Vergangenheit. Nicht alles muss im Gedächtnis bewahrt werden, der Lebensweg schrumpft in der Zeit zusammen, wiederkehrende Vorgänge überdecken einander, der Wille verdrängt manches Widrige; »hingegen muß jeder irgend eigenthümliche, oder bedeutsame Vorgang in der Erinnerung wieder aufzufinden seyn« (Bd. 2, 3. Buch, Kap. 32). Im Unvermögen, einen Zusammenhang der Gegenwart mit der Vergangenheit herzustellen, sieht Schopenhauer eine Bedingung für Wahnsinn: Gedächtnis muss dem Wahnsinnigen nicht völlig fehlen; viele wissen vieles auswendig und erkennen lange nicht gesehene Personen wieder, doch ist

> »der Faden des Gedächtnisses zerrissen [...]. Einzelne Scenen der Vergangenheit stehn richtig da, so wie die einzelne Gegenwart; aber in ihrer Rückerinnerung sind Lücken, welche sie dann mit Fiktionen ausfüllen, die entweder, stets die selben, zu fixen Ideen werden: dann ist es fixer Wahn, Melancholie; oder jedes Mal andere sind, augenblickliche Einfälle: dann heißt es Narrheit, fatuitas.« (Bd. 1, 3. Buch, § 36)

(Dieser Begriff der Narrheit ist von dem Begriff der Narrheit in der Theorie des Lächerlichen verschieden.) Heftiges Leiden, unerwartete entsetzliche Begebenheiten können Wahnsinn veranlassen (ebd.):

> »Jedes solches Leiden ist immer als wirkliche Begebenheit auf die Gegenwart beschränkt, also nur vorübergehend und insofern noch immer nicht übermäßig schwer: überschwänglich groß wird es erst, sofern es bleibender Schmerz ist: aber als solcher ist es wieder allein ein Gedanke und liegt daher im Gedächtniß: wenn nun ein solcher Kummer, ein solches schmerzliches Wissen, oder Andenken, so quaalvoll ist, daß es schlechterdings unerträglich fällt, und das Individuum ihm unterliegen würde, – dann greift die dermaßen geängstigte Natur zum Wahnsinn als zum letzten Rettungsmittel des Lebens: der so sehr gepeinigte Geist zerreißt nun gleichsam den Faden seines Gedächtnisses, füllt die Lücken mit Fiktionen aus und flüchtet so sich von dem seine Kräfte übersteigenden geistigen Schmerz zum Wahnsinn [...].«

Wie der Wille die Gedächtnisleistung steigern kann, kann er sie auch stören. In der Raserei reißt er sich vollends los von jeglicher Leitung durch den Intellekt und wird zur zerstörenden Naturkraft, wie ein Strom, der den Damm durchbricht (Bd. 2, 3. Buch, Kap. 32). Für Schopenhauer sind die Gebrechlichkeiten des Intellekts ein Beleg für den Primat des Willens über die Vorstellung, die zu seinem Dienst hervorgebracht, doch hierzu nur notdürftig ausgestattet ist. Der Wille hat die Gewalt über den Intellekt, dessen »Schwäche und Unvollkommenheit […] in der Urtheilslosigkeit, Beschränktheit, Verkehrtheit, Thorheit der allermeisten Menschen zu Tage liegt […]«. Die Analyse solcher Mängel und ihrer Ursachen, zu deren wichtigsten Schopenhauer die Diskrepanzen zwischen Wille und Intellekt zählte, hat er einen »Kommentar« zum delphischen »Erkenne dich selbst« und seinen »Schwierigkeiten« genannt (Bd. 2, 2. Buch, Kap. 19).

XXII Dummheit, Narrheit, Ironie –
von der Aufklärung zur Romantik

Im Mai 1772 erscheint im 30. Stück des *Hannoverischen Magazins* eine Anfrage des Arztes und Schriftstellers Johann Georg Zimmermann (1728–95): »Was ist die Dummheit?« Die Frage kurz und treffend zu beantworten, werde »gemeinnütziger seyn, als alle gekrönte Preisschriften aller Akademien, und dem größten Philosophen rühmlicher, als alle seine übrigen Verdienste um die Menschheit. – Von Dummköpfen wird die Antwort verbeten.« Nach einer kurzen Erinnerung im 36. Stück beginnt dann am 20. November 1772 eine dreiteilige Folge »Ueber die Dummköpfe«, die im 7. Stück des folgenden Jahrgangs am 22. Januar 1773 endet, jeweils unterschrieben mit »Obscurus« (der Dunkle, der Verborgene). Der weist gleich zu Beginn (erasmisch inspiriert) darauf hin, dass nur einer aus dem verzweigten, über die ganze Welt verstreuten »Orden« der Dummköpfe kompetent über Dummheit sprechen könne. Von Definitionen und Beweisen hält er nichts. »Es spricht sich besser von der Sache, wenn man sie nicht genau beschreibt.« Die »witzigen Köpfe unter uns« wissen, dass die Sache Genauigkeit nicht verträgt. »Witziger Dummkopf« ist keineswegs eine Paradoxie, ja nicht einmal eine Seltenheit: »Unsere mehrsten Superioren [Oberen] sind es oder wollen es seyn, denn diese Art der Dummheit ist jetzt die moderneste.« Der Autor unterscheidet natürliche und gemachte Dummköpfe und zählt zu den letzteren die gelehrten, »die sich überstudirt und es durch unermüdeten Fleiß dahin gebracht haben, daß sie allen Menschenverstand verloren zu haben scheinen«. Dass sie zuweilen »apostasiren [abtrünnig werden] [...], wenn sie ihr gutes Glück nicht mehr ertragen können«, darf nicht die mannigfachen Vorteile vergessen machen, derer sich Dummköpfe erfreuen: Sie werden geliebt und gesucht. »Wir sind Leute, die zu gebrauchen sind [...]. Daher kommen wir auch überall am besten fort [...]. Der Kopf, der edelste Theil von uns, wird wie billig geschont, und man kann ihn lange haben, weil man ihn nicht viel abnutzt.«

Den Hauptteil der Abhandlung bildet eine lockere Folge von Schüler- und Studenten-Porträts (mit sprechenden Namen wie »von Hintenklug«), die, bevor es in die »größern Stände der Gesellschaft« geht, abgebrochen wird, weil der Autor befürchtet, mit einer Fortsetzung »sich die halbe Welt auf den Hals zu hetzen«; »so gerne man ein Dummkopf ist, so ungerne läßt man es sich sagen«.[1]

Knapp zehn Jahre später schrieb der junge Jean Paul (1763–1825) ein *Lob der Dumheit*, wie Erasmus' Enkomion eine Rede der Dummheit zum eigenen Ruhm, »im achtzenten Jarhundert«, in aufgeklärter Zeit, in der ihr das Feld überall streitig gemacht wird, und die Theologie sehr an Bedeutung verloren hat

---

1 Die Anfrage und ihre Beantwortung, was Dummheit sei, wurde nach dem Tode Zimmermanns in einem Sammelband seiner kleineren Schriften (Leipzig 1799) aufgenommen, obwohl der Herausgeber G. F. Palm bemerkt, dass die Beantwortung der Anfrage »einen andern berühmten Mann zum Verfasser hat«. Die Vermutung, der Philosoph Johann Georg Sulzer (1720–79) sei der Autor gewesen (Ischer 1893, 297), ist wenig wahrscheinlich, da gut eine Woche nach Erscheinen des letzten Teils »Ueber die Dummköpfe« Zimmermann in einem Brief Sulzer um eine Begriffsbestimmung zur Dummheit (und zur »Pedanterey«) gebeten hat. (Zimmermann, als dessen Hauszeitschrift man das *Hannoverische Magazin* ansehen kann, hätte es gewusst, wenn Sulzer der Autor der Antwort auf seine Anfrage gewesen wäre). Sulzer antwortete am 6. Februar 1773: »Es möchte etwas schweer seyn den Dummkopf genau zu definiren, da das Wort vielleicht nicht immer in demselben Sinn genommen wird. Ich brauche es um Leuthe zu bezeichnen, die aus Mangel dessen was man im eigentl. Sinn Verstand nennt, alles confus sehen und doch so dreiste urtheilen, als ob sie deutlich und bestimmt sähen. Es kann ihnen nicht einmal einfallen, daß andere richtiger sehen sollten, als sie, weil sie gar nie deutliche Begriffe gehabt haben.« Zimmermann hat sich dieser Bemerkung Sulzers in einem kleinen Artikel »Friede mit der Dummheit« bedient (1799, 150 f). Im Zimmermann-Nachlass der Gottfried Wilhelm Leibniz Bibliothek in Hannover findet sich ein handschriftliches Konvolut von 248 Blättern unterschiedlichen Formats mit Notizen, Exzerpten usw. über *Vortheile der Dummheit in dem menschlichen Leben* (MS XLII, 1933: B 20): offenbar ein nicht realisiertes Buchprojekt, das einem Gliederungsentwurf auf Blatt 2 zu-

(»man vermist eine der wichtigsten theologischen Beweis-
arten – ich meine den Scheiterhaufen«). Doch verteilt die Religion noch immer ihre Wohltaten. Am meisten nützt sie denen,
»die befelen, und denen weniger, die gehorchen«; der »geringe-
re Dumme« befördert »mit meinen Gaben das Glük desienigen
[...], der sich durch eben dieselben über ihn emporgehoben hat«
(1781; 1974, 346, 362 f.):

> Es sei »nicht gewis, daß die Dumheit den Himmel im andern
> Leben verschaft; aber es ist gewis, daß sie denen, die dieses
> gesagt haben, den Himmel in diesem Leben verschaft hat
> [...]. Damals, in ienen dummen Zeiten, bezalten die Dunsen
> dieienigen, die andern ihre eigene Dumheit mitteilten [...].
> Damals nutzten die Wissenschaften nur denen, die andern
> damit schaden wolten [...]. Damals konten dieienigen den
> andern in die Hölle der künftigen Welt verdammen, die seine
> Teufel in der iezzigen sein wolten [...].« (Ebd., 364 f.)

Jean Pauls Dummheit will nicht mit der Narrheit in einen Topf
geworfen werden: letztere werde erst durch »Vermischung der
Weisheit mit mir gezeugt«. Dem »Unterschied zwischen dem
Narren und dem Dummen« hat Jean Paul mehrere frühe Versuche gewidmet (ebd., 260–266): Der Dumme »ist nicht leicht zu
erkennen: denn er hat's mit dem Weisen gemein, wenig zu sagen [...]. Oft nimt er auch die Maske des Weisen an, wie der Esel
die Löwenhaut«. Man hat ihn mit zu vielen Titeln und Ämtern
behängt, »als daß man die hökkerichte Gestalt seiner Sele sehen
könte«. Seinesgleichen sind unzählig, sie »keimen überall hervor, und finden an iedem Orte Narung genug, weil sie wenig
Narung brauchen«. Sie bewegen sich wenig und wenn, dann »in
einer behaglichen Mitte von Sinnenschein und Altagswarhei-

folge zwei Bücher umfassen sollte: »Vortheile der Dummheit in ansehung unserer selbst« und »in ansehung anderer«. Wer auch immer der
Autor des Beitrags im *Hannoverischen Magazin* war – Zimmermann
war mit dem Thema nicht fertig. – Anke Hölzer von der Gottfried
Wilhelm Leibniz Bibliothek danke ich für den Zugang zum Zimmermann-Nachlass und für die Hilfe bei der Entzifferung der Hand-
schriften.

ten«. Der Geist des Dummen fasst nur »eine geringe Anzal Ideen«, und diese springen nicht. »Der Psycholog geht so ler von ihm weg, als der ist, den er beobachten wolte. Er wird in Bedlam mer lernen, als in einer – Professorenversammlung.« Dagegen wird der Narr »gleich sichtbar«; er ist unverwechselbar. Narrheit ist »das Ungewöhnliche in Gedanken, Worten und Werken«, »die Geburt der starken Leidenschaft«. Der Gang der Ideen ist »unstät«, macht »zu viel Sprünge«. Während der Dumme »blödsichtig« ist, hat der Narr »gute Augen«, doch setzt er »eine falsche Brille« auf. Während der Dummkopf zu wenig Einbildungskraft hat, hat der Narr zu viel: »Deswegen kan sich oft der Poet um den Verstand dichten«. Oft ist der Narr ein »verstimtes Genie«, das »durch den sonderbaren Kontrast von Vernunft und Unvernunft [...] völlig unerklärbar« wird.

»Das Ländgen der Vernunft ist für die unruhige Phantasie zu klein; sie schwärmt in das nahe und weite Reich der Feenmärgen, Luftgebäude und Abenteuer hinüber; sie tut es wenigstens zu Nachts, wenn die Vernunft ihre Augen mit den körperlichen schliest.«

Der Narr »baut oft kün am Pallaste des menschlichen Wissens, aber er baut selten regelmässig«. Wenn man anders handelt, als Zeit, Ort und Sachverhalt es erfordern, »ist man ein Tor, oder ein Träumer oder ein Rasender«; die Unterschiede sind solche des Grades der Entrückung. Als Tor oder Narr aber gilt man nur darum, weil man in der wirklichen Welt leben muss; »in einer andern Welt als der wirklichen [...], in der nämlich, die in seinem Kopfe existiert«, wäre er der Klügste.

Kopfgeburten einer anderen Welt bietet die Kunst, die Dichtung. Ludwig Tiecks (1773–1853) Schauspiel *Die verkehrte Welt* von 1797/98 ist Theater auf dem Theater. Das Spiel, das aufgeführt wird, ist es selbst. Zu Beginn und zwischen den Akten ertönt eine Wort-Musik: »Es ist nur Narrheit, daß man Symphonien in nichts als Noten schreiben will, man kann sie auch in Worte bringen«.

Das Stück eröffnet der Epilog, der das Ende des Schauspiels ansagt, ehe es begonnen hat (entsprechend wird am Ende der Prolog das Wort ergreifen). Die Bühne ist zweigeteilt: in Bühne und Parterre; Schauspieler und Zuschauer kommunizieren unter- und miteinander. Das Personal entstammt der antiken Mythologie und der Schäfer-Idyllik, der Commedia dell'Arte und bürgerlichen Berufen (Bäcker, Brauer, Gastwirt), der Theater-Administration (Direktor, Maschinist) und dem Theater-Publikum. Der erste Akt hebt an mit einem Streit des Poeten mit Scaramuz: Scaramuz will nicht mehr den Narren geben, sondern den Apoll, den Gott der Künste. Pierrot will gar nicht spielen und lieber zuschauen. Den Zuschauer Grünhelm dagegen zieht es auf die Bühne, um den Lustigmacher zu übernehmen; er ist Narr mit Leib und Seele: »O man hat sein ganzes Leben zu studieren, um es darin zu einer gewissen Vollkommenheit zu bringen«, sagt er zu seiner Theater-Geliebten, »wenn Sie mich in meiner allerhöchsten Raserei sehn sollten, Sie würden entzückt seyn«. Unterstützt von den Zuschauern besetzt Scaramuz schließlich die Rolle Apollos und macht sich gleich daran, dessen Besitz (Parnass, Castalischer Quell usw.) in profitable Geldquellen umzuwandeln. Er bleibt auch in der göttlichen Verkleidung der Narr, der er von Haus aus ist (mitsamt seinem geflügelten Pegasus-Esel); während der mythische Apollo auf »Freiem Feld« die Schafe hütet und wilde Tiere, Löwen und Wölfe, zu angehenden Studenten zähmt, die wiederum von Scaramuz-Apollo sich examinieren lassen wollen, um »brauchbare Staatsbürger« zu werden (»wir spüren eine unendliche Begierde nach einer guten Besoldung«, sagt der Wolf).

Scaramuz-Apollo wird seinen mythischen Widerpart alsbald steckbrieflich suchen lassen. Was er denn verbrochen habe, fragt ein Fremder. »Er soll sich unterstanden haben, die Phantasterei einzuführen«, antwortet der Gastwirt, bei dem der Fremde einkehrt. Der Wirt beklagt sich seinerseits über seine dramaturgische Zurücksetzung: »Ja sonst waren noch gute Zeiten, da wurde kein einziges Stück gegeben, in dem nicht ein Wirthshaus mit seinem Wirthe vorkam. Ich weiß es noch, in wie vielen hundert Stücken bei mir in dieser Stube hier die schönste Entwickelung vorbereitet wurde.« Nun sieht sich der Wirt an den Rand gedrängt und überlegt, ob er auf die Rolle des Kerkermeisters umsatteln soll, denn der werde wenigstens in vaterländischen und Ritterstücken noch gebraucht, manchmal sogar in der bürgerlichen Tragödie. Sein Sohn soll sich auf die Rolle des Hofrats spezialisieren, denn immer öfter steht auf den »Comödienzetteln«: »die Scene ist im Hause des Hofraths«.

Scaramuz-Apollo zu Ehren wird anlässlich seines Geburtstags ein Theater-Stück aufgeführt, in dem ein Vater seinen Geburtstag feiert, dem zu Ehren seine Tochter und sein Adoptivsohn ein Theater-Stück aufführen. Aus dem Spiel im Spiel wird ein Spiel im Spiel im Spiel im Spiel. »Es steckt immer so ein Stück im andern«, sagt der Zuschauer Pierrot; und ein anderer: »Nun denkt Euch Leute, wie es doch möglich ist, daß wir wieder Akteurs in irgend einem Stücke wären und einer sähe nun das Zeug so alles durcheinander.« Das Spiel verliert sich in einer tendenziell infiniten Spiegelung. Selbst ein das Geschehen beobachtender Engel müsste darüber den Verstand verlieren. Zu den Zuschauern des hier letzten Stücks im Stück gehört auch ein Graf Sternheim, der seinen eigenen Narren mitgebracht hat bzw. der Narr ihn. Baron Fuchsheim will sich auch einen anschaffen: »Wo hat man die beste Sorte?« Sternheim: »Sie gerathen nicht in jedem Jahre gleich gut«. Fuchsheim: »Wenn man so manchmal seiner Vernunft überdrüßig wird, so muß ein solcher Narr ein wahrer Leckerbissen seyn.« Die Grenze zwischen Narren und Nicht-Narren ist aufgehoben. Am Ende muss der Regentschaft Scaramuz-Apollos ein Ende gemacht werden: Der Theaterdirektor, dem es gleichgültig ist, wer den Apollo spielt, nur die Kasse muss stimmen, fürchtet, »daß der Kerl die Idee im Kopfe hat, das Stück gar nicht zu beendigen, damit er nur immer an der Regierung bleiben [...] kann«. Und so rottet sich unter der Leitung des mythischen Apollo eine Verschwörung zusammen: »Erschreckt nicht, meine Freunde, vor meiner Gottheit, denn im Grunde bin ich doch nur ein Narr, wie Ihr alle, selbst die Götter sind doch nur Götter, in so fern Ihr keine seyd, und das ist immer noch blutwenig.« Es kommt schlussendlich zum Krieg, nachdem bereits eine Seeschlacht zwischen den Admiralen Harlekin und Pantalon vorausgegangen war. Grünhelm, der Narr, fürchtet um sein Leben und beschließt, Abschied von der Bühne zu nehmen und sich wieder unter die Zuschauer zu mischen. Die aber greifen ein, als die Streitmacht des Scaramuz-Apollo gegen die des mythischen Apollo unterliegt, und schlagen sich auf die Seite des Scaramuz, was wiederum

Apollo erheitert: »Aber meine Herren, Sie vergessen in Ihrem Enthusiasmus ganz, [...] daß das Ganze nichts als ein Spiel ist.« Theater-Spiel: verkehrte Welt, in der alles (Zeiten, Orte, Rollen usw.) auf dem Kopf steht. Sinn wird Unsinn, und der wiederum Sinn, zu nichts nutze, außer sich selbst zu genügen, gespielt zu werden. Wenn der Theaterdirektor als Neptun aus dem Meer auftaucht und drängt, die Begrenzung der Zeit des Theaters zu bedenken, dass es einen letzten Akt hat und dann vorbei ist, während Scaramuz die Spielwelt in die reale ohne Ende verlängern will, dann gibt es für diesen Konflikt nur eine spielerische Lösung.[2] Die Selbstreflexion des Spiels als Spiel und damit der Bedingungen seiner Möglichkeit ist mit Friedrich Schlegel »transzendentale Buffonerie« (so im 42. Lyceum-Fragment über den »göttlichen Hauch der Ironie«):

> »Im Innern die Stimmung, welche alles übersieht, und sich über alles Bedingte unendlich erhebt, auch über eigne Kunst,

2 In dem Rahmengespräch, in das die *Verkehrte Welt* eingebettet ist, verweist der fingierte Autor Manfred auf eine Vorlage seines Stücks von Christian Weise (1642–1708) mit dem gleichen Titel von 1683. Sie sei von Bildern inspiriert worden, »die man wohl sonst auf den Märkten feil hatte, auf welchen der Schlächter geschlachtet und der Fischer geangelt wird (Kindern gefällt gewöhnlich die Gruppe am besten, wo der kleine Zögling seinen Schulmeister züchtigt)«. Den Topos der »verkehrten Welt« hat Ernst Robert Curtius (1961, 104 ff.) in die Antike zurückverfolgt: »adynata«, »impossibilia« bezeichnen die auf den Kopf gestellte Ordnung der Dinge und Verhältnisse; an ihnen entzündet sich durch die Jahrhunderte satirische Zeitkritik. – Anders die Unsinns-Literatur, die an der Grenze der Sinnbildung mit deren Bauelementen (Sprache, Logik, Überlieferungen usw.) spielt (vgl. Menninghaus 1995). Die »Lust am Unsinn«, wird Sigmund Freud in seinem Buch *Der Witz und seine Beziehung zum Unbewußten* (1905; 1992, 138 ff.) schreiben, nährt sich aus dem von Verstand und Vernunft Verbotenen und ist eben darum geeignet, »sich dem Drucke der kritischen Vernunft zu entziehen«: in der »Auflehnung gegen den Denk- und Realitätszwang«, als Befreiung vom Aufwand zur Aufrechterhaltung grammatischer, logischer und sinngebundener Normen.

Tugend oder Genialität: im Äußern, in der Ausführung die mimische Manier eines gewöhnlichen guten italienischen Buffo.«

In der Kluft zwischen beschränktem Verstand und unverfügbarer Welt sucht das Subjekt seine Rechte als Subjekt zu sichern, überlieferten Sinn auszuhebeln, ein freies Spiel der Phantasie zu entzünden. Jede Verrückung aus der Mechanik des Gewohnten und seiner Funktionen ist ein Akt der Befreiung. »Das meiste in der Welt dient zu nichts, ja man weiß nicht einmal, wozu die Welt dient. Es ist eigentlich aristokratisch von uns gedacht, daß alles dienen soll.« Die Irrlichter des Närrischen flackern – unter positiven Vorzeichen.

In Friedrich Schlegels (1772–1829) Aufsatz »Über die Unverständlichkeit«, mit dem 1800 das *Athenäum*, eine Zeitschrift der Schlegel-Brüder, beendet wurde, wird ironisch ein »System der Ironie« entwickelt: von der groben über die feine zur extrafeinen Ironie, derer sich Scaramuz befleißige, »wenn er sich freundlich und ernsthaft mit jemand zu besprechen scheint, indem er nur den Augenblick erwartet, wo er wird mit einer guten Art einen Tritt in den Hintern geben können«. Gipfel des ganzen Systems ist »die Ironie der Ironie«, die am Ende »wild wird, und sich gar nicht mehr regieren läßt«. Selbst wenn sich eine Ironie finden würde, die alle Ironien verschlänge, wäre man nicht sicher; neue werden entstehen, alte nachwirken, das Gelände ist tückisch.

Wie steht es aber mit Heinrich Heines (1797–1856) ironischem Versuch, mit ebender Ironie fertig zu werden, indem er sie zur Maske der Dummheit erklärt? Im dritten Teil der *Reisebilder* versetzt sich Heine in einen Münchener Biergarten, neben einen Berliner, der die Berliner Ironie rühmt. Die schöne Kellnerin bemerkt im Vorbeieilen: »Ironie haben wir nicht, [...] aber jedes andere Bier können Sie doch haben.« Sie wird belehrt, dass Ironie keine Biersorte, sondern eine Erfindung der »klügsten Leute von der Welt« ist.

»Ehemals, liebes Kind, wenn jemand eine Dummheit beging, was war da zu thun? das Geschehene konnte nicht ungeschehen gemacht werden, und die Leute sagten: der Kerl war ein Rindvieh. Das war unangenehm. In Berlin, wo man am klügsten ist und die meisten Dummheiten begeht, fühlte man am tiefsten diese Unannehmlichkeit. Das Ministerium suchte dagegen ernsthafte Maßregeln zu ergreifen: bloß die größeren Dummheiten durften noch gedruckt werden, die kleineren erlaubte man nur in Gesprächen, solche Erlaubnis erstreckte sich nur auf Professoren und hohe Staatsbeamte […].«

Alle Vorkehrungen halfen nicht. Die unterdrückten Dummheiten machten sich umso nachdrücklicher geltend, bis endlich ein Gegenmittel gefunden wurde: Es »besteht darin, daß man erklärt, man habe jene Dummheit bloß aus Ironie begangen oder gesprochen.« So wird aus Dummheit Ironie, aus Speichelleckerei Satire, »wirklicher Wahnsinn wird Humor, Unwissenheit wird brillanter Witz«. Doch da reißt sich die Kellnerin los, denn von allen Seiten wird stürmisch nach einem neuen Bier verlangt.

XXIII Metaphysische Dummheit – Nietzsche

»Die Dummheit des Willens« war für Nietzsche (in einem nachgelassenen Fragment) »der grösste Gedanke Schopenhauers«. Dummheit wird hier gleichgesetzt mit dem blinden Drang des Willens zum Leben (zit. nach Nietzsche Research Group 2004, 672):

> »Der Mensch, eine kleine überspannte Thierart [...], Etwas, das für den Gesamt-Charakter der Erde belanglos bleibt; die Erde selbst [...] ein Hiatus [ein Spalt] zwischen zwei Nichtsen, ein Ereigniß ohne Plan, Vernunft, [...] die schlimmste Art des Nothwendigen, die dumme Nothwendigkeit [...].«

In der *Morgenröte* (Nr. 130) spricht Nietzsche von der Gewohnheit der Menschen, an zwei Reiche zu glauben, nämlich an das Reich der Zwecke und das der Zufälle. Letzteres nennt er das »mächtige Reich der kosmischen Dummheit«, das wir fürchten, weil es meistens in die Welt unserer Zwecke hineinfällt »wie ein Ziegelstein vom Dache und uns irgend einen schönen Zweck totschlägt«.

> Wir »klugen Zwerge [...] werden durch die dummen, erzdummen Riesen, die Zufälle, belästigt, über den Haufen gerannt, oft tot getreten [...]. Die Griechen nannten dies Reich des Unberechenbaren und der erhabenen ewigen Borniertheit Moira und stellten es als den Horizont um ihre Götter, über den sie weder hinauswirken, noch -sehen können [...].«

Anders das Christentum, das zu verstehen gab,

> »daß jenes allmächtige ›Reich der Dummheit‹ nicht so dumm sei wie es aussehe, dass *wir* vielmehr die Dummen seien, die nicht merkten, daß hinter ihm – der liebe Gott stehe, er, der zwar die dunklen, krummen und wunderbaren Wege liebe, aber zuletzt doch alles ›herrlich hinausführe‹.«

In der neueren Zeit sind die Menschen misstrauisch geworden, »ob der Ziegelstein, der vom Dache fällt, wirklich von der ›göttlichen Liebe‹ herabgeworfen werde«, und sie lernen, dass unsere Zwecke ebenso oft durch uns selbst vereitelt werden. Vielleicht sind unsere Zwecke nichts anderes als Würfe aus dem Würfelbecher des Zufalls.

»Und, wenn ihr schließen wolltet: ›es gibt also nur ein Reich, das der Zufälle und der Dummheit?‹ – so ist hinzuzufügen: ja, vielleicht gibt es nur ein Reich, vielleicht gibt es weder Willen noch Zwecke, und wir haben sie uns eingebildet.«

Ein anti-metaphysischer Gedanke erzeugt einen metaphysischen Dummheitsbegriff, durch ein abschließendes »vielleicht« in der Schwebe gehalten.

Daneben kennt Nietzsche die gattungsspezifische, von Menschen in ihrem Denken und Handeln produzierte Dummheit, die sich in der Geschichte und in Abhängigkeit von den Lebensbedingungen ändert.[1] In der Moral nistet sie in der »Sklaven-Moral«, in der der Blick des Sklaven »abgünstig« ist »für die Tugenden der Mächtigen«. Gegen die Werte der »Herren« werden die gesetzt, die geeignet sind, »Leidenden das Dasein zu erleichtern: hier kommt das Mitleiden, die gefällige hilfsbereite Hand, das warme Herz, die Geduld, der Fleiß, die Demut, die Freundlichkeit zu Ehren«.

Zuletzt hängt sich an den »Guten« dieser Moral »ein Hauch von Geringschätzung«, weil der Gute in der Sklaven-Gesinnung »der ungefährliche Mensch sein muß: er ist gutmütig, leicht zu betrügen, ein bißchen dumm vielleicht, un bonhomme. Überall, wo die Sklaven-Moral zum Übergewicht kommt, zeigt die Sprache eine Neigung, die Worte ›gut‹ und ›dumm‹ einander anzunähern.« (*Jenseits von Gut und Böse*, Nr. 260)

---

1 »Dummheit« ist ein Stichwort im *Nietzsche-Wörterbuch* der Nietzsche Research Group in Nijmegen, Bd. 1, 2004, 670 ff; im selben Band findet sich ein Artikel über »blöd« (401 ff.).

In der Politik identifiziert Nietzsche Dummheiten in Einseitigkeit und Mittelmaß. Letzteres nährt seine antiegalitären, antidemokratischen Affekte, wenn er etwa von der »Einführung des parlamentarischen Blödsinns« spricht (ebd., Nr. 208). Ersteres macht ihn zum Gegner nationalistischen Taumels (ebd., Nr. 251):

»Man muß es in den Kauf nehmen, wenn einem Volke, das am nationalen Nervenfieber und politischen Ehrgeize leidet, leiden *will* –, mancherlei Wolken und Störungen über den Geist ziehn, kurz, kleine Anfälle von Verdummung: zum Beispiel bei den Deutschen von heute bald die antifranzösische Dummheit, bald die antijüdische, bald die antipolnische [...].«

»Deutschland, Deutschland über Alles« sei »vielleicht die blödsinnigste Parole, die je gegeben worden ist«.

Am Geist der modernen Wissenschaften missfallen Nietzsche die »materialistischen Naturforscher«, die die Welt in ihr mechanistisches »Vorurteil« pressen wollen, und die gelehrten Spezialisten, deren Fleiß »etwas von der ungeheuerlichen Dummheit der Schwerkraft« hat, »weshalb sie oft viel zu Stande bringen«.

Nietzsches Haltung zur Dummheit ist ambivalent: Sie soll bekämpft werden, auch wenn sie nicht beseitigt werden kann. Ihre Beharrungskraft findet in der Gegenwart ihren ironischen Ausdruck in einem »Recht auf Dummheit«:

»Der ermüdete und langsam atmende Arbeiter, der gutmütig blickt, der die Dinge gehen läßt, wie sie gehn: diese typische Figur, der man jetzt, im Zeitalter der Arbeit [...] in allen Klassen der Gesellschaft begegnet, nimmt heute gerade die *Kunst* für sich in Anspruch, eingerechnet das Buch, vor allem das Journal – um wie viel mehr die schöne Natur, Italien [...]. Der Mensch des Abends, mit den ›entschlafnen wilden Trieben‹, von denen Faust redet, bedarf der Sommerfrische, des Seebads, der Gletscher, Bayreuth's [...]. In solchen Zeitaltern hat die Kunst ein Recht auf reine Torheit – als eine Art Ferien für Geist, Witz und Gemüt [...]. Die reine Torheit stellt wieder her [...].« (*Götzen-Dämmerung*, Nr. 30)

Der Dummheit werden auch positive Effekte zugute geschrieben: Sie könne Entscheidungen erleichtern: »Wenn der Entschluß einmal gefaßt ist, das Ohr auch für den besten Gegengrund zuzuschließen: Zeichen des starken Charakters. Also ein gelegentlicher Wille zur Dummheit« (*Jenseits von Gut und Böse*, Nr. 107). Dummheit könne eine »Lebens- und Wachstums-Bedingung« sein: Gegen anarchisches »laisser faire« werden Zwang und Zucht aufgeboten, durch die der europäische Geist, das Denken wie die Künste, Stärke, Neugier und »feine Beweglichkeit« erlangt haben, auch wenn dabei »viel an Kraft und Geist erdrückt« wurde: »diese Tyrannei, diese Willkür, diese strenge und grandiose Dummheit hat den Geist erzogen« (ebd., Nr. 188). Dummheit wird gebraucht als belebender Kontrapunkt zu einem (ironisch unterstellten) künftig unbegrenzten Klugheits-Zuwachs:

»Einige Jahrtausende weiter auf der Bahn des letzten Jahrhunderts! – und in Allem, was der Mensch tut, wird die höchste Klugheit sichtbar sein: aber eben damit wird die Klugheit alle ihre Würde verloren haben.« (*Die fröhliche Wissenschaft*, Nr. 20)

Nietzsche zweifelte, ob die Vermehrung des Wissens, der Bildung, der Klugheit bzw. dessen, was seine Zeitgenossen dafür hielten, ein Fortschritt sei oder nicht vielmehr für einen »ekleren Geschmack« eine »Gemeinheit«.

»Und ebenso wie eine Tyrannei der Wahrheit und Wissenschaft im Stande wäre, die Lüge hoch im Preise steigen zu machen, so könnte eine Tyrannei der Klugheit eine neue Gattung von Edelsinn hervortreiben. Edel sein – das hieße dann vielleicht: Torheiten im Kopfe haben.« (Ebd.)

XXIV Dummheit im bürgerlichen Verstande

Der Hallenser Philosoph Johann Eduard Erdmann (1805–92), ein Hegel-Schüler, hat 1866 in Berlin einen Vortrag »Ueber Dummheit« gehalten (1890, 265 ff.): Dummheit sei die Beschränktheit eines Menschen auf eine geringe Zahl der in ihm »lebenden Ideen«. Mit dem Ich als Träger der Ideen bestimmt dessen ein- oder mehrfältiges Verhältnis zur Welt den Grad der Dummheit. Wenn »der Einzelne sich selbst und die Beziehung auf sich als einzigen Wahrheits- und Werthmesser gelten läßt, kürzer: Alles nur nach sich beurtheilt«, verdient er, dumm genannt zu werden. Erdmann spezifiziert das am menschlichen Reden und Handeln: Im Reden ist es die »Unbedingtheit« des Behauptens, das »rasche Generalisieren«, das Alles- und Besser-Wissen, was den Dummen verrät. Dummes Handeln ist »Rohheit«, Formlosigkeit. Die Entwicklung vom Kind zum Erwachsenen ist ein stufenweiser Ausgang aus der Dummheit, allerdings kein vollständiger; es bleibt »ein Ueberrest der ursprünglichen Dummheit«.

Dem Erwachsenen eröffnen sich neue Gelegenheiten: Wenn seine sozialen Beziehungen sich vervielfältigen und er die gesellschaftlichen Anforderungen an ihn als Handwerker, Bürger, Ehemann, Vater usw. unterscheiden und in sich integrieren kann, überwindet er die Einfalt; »confundiert [vermengt] er sie in dem Einen, worin sie alle zusammenkommen, dem eignen Ich und läßt überall, anstatt des Bürgers oder Vaters, dieses selbe bloße Ich entscheiden, so ist er nicht gescheidt«. Ein »Bollwerk der Dummheit« ist die Lernunwilligkeit, die Weigerung, »der eignen Dummheit ins Auge zu sehn«, bis schließlich »das Nichtwollen zur Gewohnheit« wird. Das macht Dummheit zum Ärgernis. Dass sie auch »ergötzt«, erklärt Erdmann (außer mit der Schadenfreude und dem Stolz, darüber hinaus zu sein) mit der wehmütig gestimmten Erinnerung an die Tage der Kindheit und ihre Lizenzen, und mit dem Gefühl, »durch das Anschauen der Dummheit gefördert, gescheidter geworden zu sein«.

Erdmann entfaltet ein bürgerlich-biedermeierliches Verständnis von Dummheit, das das gesellschaftliche Funktionieren in der Vielfalt der sozialen Rollen als Gescheitheit preist und nur in der Anziehungskraft des »Originals«, in der »Lust am Individuellen« ein Moment der Abweichung zur Förderung der eigenen Bildung zulässt. Die Beschreibung der Befreiung aus der Dummheit mit Hilfe der Metaphern des Hobelns, Schleifens und Reibens verweist auf Normen bürgerlich-handwerklicher Sozialisation, die »an die Stelle des formlosen Menschen den artigen, an die Stelle des Rohen oder Groben den von Lebensart und feinen Formen treten läßt«. »Witzig« wird mit »abgeschliffen« gleichgesetzt (»das Leben witzigt uns und schleift uns ab«), und das Geschliffene mit dem »Geriebenen«, das zum Gegenbegriff des Dummen avanciert. Dass Schläue und Schleifen aus Dummheit heraushelfen sollen, lässt sich nur in einem affirmativen bürgerlichen Verstande begreifen.

Ganz anders versteht Gustave Flaubert (1821–80) Dummheit als bürgerliche; seine Haltung ist unbändiger Zorn: »Ich empfinde gegen die Dummheit meiner Epoche Haßfluten«, schreibt er Louis Bouilhet am 30. September 1855. »Es steigt mir Scheiße in den Mund wie bei einem verklemmten Bruch. Aber ich will sie behalten, sie eindicken und daraus einen Brei machen, mit dem ich das neunzehnte Jahrhundert beschmieren werde«. Über dieses Unternehmen gibt ein Brief an Ernest Feydeau vom Dezember 1872 Auskunft: »Ich verschlinge Druckseiten und mache mir Notizen für ein Buch, in dem ich meine Galle auf meine Zeitgenossen auszuspeien mich bemühen werde. Aber diese Kotzerei wird mich mehrere Jahre kosten.« Es entsteht ein riesiges Material-Depot, dem der Flaubert-Herausgeber Dumesnil den Titel »Sottisier« gegeben hat (Flaubert nennt es »copie«, darauf wird zurückzukommen sein): eine »encyclopédie de la bêtise humaine«, die, im Kontrast zum alphabetisch geordneten *Dictionnaire des idées reçues* (*Wörterbuch der Gemeinplätze*), eine nur locker nach Lebensbereichen und Gegenstandsgebieten sortierte Sammlung täglicher Dummheitsfunde ist. Der daraus erwachsende Roman *Bouvard et Pécuchet* ist unvollendet geblieben:

Bouvard und Pécuchet, die sich in Paris zufällig begegnen und ins Gespräch kommen, entdecken, dass sie beide als Kopisten arbeiten. Sie befreunden sich und verbringen ihre freie Zeit miteinander. Als Bouvard eine Erbschaft macht, beschließen sie, aufs Land zu ziehen, und kaufen ein Gut in der Normandie. Sie werfen sich mit Hilfe der einschlägigen Literatur auf die Landwirtschaft und den Gartenbau, aber was sie auch unternehmen, misslingt. Als ihnen bei Destillier-Versuchen der Kessel um die Ohren fliegt, dämmert ihnen die Einsicht, dass sie Chemie studieren müssen. Von der Chemie verfallen sie auf die Anatomie. (»Bei der Beschäftigung mit dem Gehirn kamen ihnen allerlei philosophische Gedanken.«) Sie verlegen sich auf das Heilen von Kranken, geraten mit dem Arzt über Kreuz und werden unsicher: »Es war schon so: all das, was sie gelesen hatten, verdrehte ihnen den Kopf.« Das Staunen über die Natur führt sie zur Astronomie und vom Weltall zurück zur irdischen Schöpfung. Sie sammeln Gesteinsproben und stellen »Betrachtungen über den Ursprung der Welt an«. Dann geben sie sich Überlegungen über das Ende der Welt hin und konfrontieren den Pfarrer mit Diskrepanzen zwischen biblischen Prophezeiungen und naturwissenschaftlichen Hypothesen. Nicht lange danach werden sie Archäologen und machen ihr Haus zu einem Museum ihrer Grabungen. Sie finden Geschmack an der Geschichte. Dass diese aber »nie zu einem sicheren Ergebnis« kommt, betrübt sie. Sie wollen selbst eine Geschichte über das Leben des Herzogs von Angoulême schreiben. »Aber der war doch ein Dummkopf«, wendet Bouvard ein. Vielleicht hielt er gerade deswegen »das Räderwerk der Ereignisse in Händen«, erwidert Pécuchet. Die Vermutung, dass die Geschichte ohne Einbildungskraft mangelhaft bleibt, treibt sie zu den historischen Romanen, dann zu den Abenteuer-Romanen, zu Tragödien und Komödien. Endlich beschließen sie, »selbst ein Stück zu verfassen«. Da sie kein Thema finden und auch das Studium der Regeln nicht weiterhilft, befassen sie sich mit Fragen des Stils und der Grammatik, was Bouvard zu dem Schluss reizt: »Kurz, ich halte alle Verfasser von Rhetoriken, Poetiken und Ästhetiken für Schafsköpfe.« »Du übertreibst«, sagt Pécuchet. Die 1848er Revolution und der Staatsstreich Louis Bonapartes spülen politische Fragen nach oben. Bouvard ist von der »Dummheit des Volkes« überzeugt. Die politischen Schriftsteller, die Sozialisten eingeschlossen, steigern ihre Verwirrung. Sie kommen zu der Erkenntnis, »daß ihren Studien die Basis fehlt: die Volkswirtschaftslehre«. Also beschäftigen sie sich mit Kapital, Zins und Markt. Darauf versuchen sie es mit Tischrücken und werfen die Frage auf »Was ist Materie? Was ist Geist?« Sie schlagen nach bei Voltaire, Bossuet und Fénelon, aber die Länge der Werke und die Schwierigkeit der Sprache stellen sich ihnen in den Weg. Leichter ist der »Cours de philosophie« für den Schulgebrauch: »Ein Phänomen erfüllt das Ich, nämlich die Idee.« Sie vertiefen sich in den Ursprung der Ideen und in die Logik. Trotz der resignierten Einsicht in die Zwecklosigkeit der Metaphysik, kommen sie von dieser nicht los: Pécuchet quält der »Drang nach Wahrheit [...] wie brennender Durst«. Bouvard zweifelt am Materialismus und erklärt, »daß er darüber den Kopf verliere«. Pécuchet beschafft eine Einführung in die Philosophie Hegels und erklärt: »Alles, was vernünftig ist, ist wirklich. Das einzig Wirkliche ist die Idee. Die Gesetze des Geistes sind die Gesetze der Welt«. Und zu dem just vorbeikommenden Pfarrer:

> »›Die Natur ist nur ein Moment der Idee!‹ ›Ein Moment der Idee?‹ murmelte der Priester verblüfft. ›Gewiß! Wenn Gott sichtbare Gestalt annimmt, beweist er seine wesenhafte Verbindung mit ihr.‹ ›Mit der Natur? Oh!‹ ›Durch seinen Tod hat er die Wesenheit des Todes bewiesen; der Tod war also in ihm, bildete einen Teil von Gott‹. Der Geistliche runzelte die Stirn: ›Keine Gotteslästerung! Zum Heil der Menschheit hat er die Leiden erduldet‹.«

Und er wendet sich zum Gehen. Pécuchet ist stolz auf seine Argumente, und Bouvard gesteht: »ich verstehe nichts«. So geht das fort. Die Welt zerfällt ihnen in disparate Partikel und Fragmente, über die man zwar etwas wissen kann, aber dieses Wissen schließt sich nicht sinnhaft zusammen. Diejenigen, mit denen sie in Kontakt treten (und in Konflikt geraten), sind, ohne Beschäftigung mit den Wissenschaften, kaum weniger beschränkt, was Ketten von wechselseitigen Reaktionen ergibt. Schimpfen Bouvard und Pécuchet über die Dummheiten der anderen, schwankt das Urteil der Umwelt über sie zwischen »harmlosen Irren« und »gefährlichen Verrückten«. »So ist ihnen alles unter den Händen zerbrochen«, resümiert Flaubert in einer

Notiz zur geplanten Fortsetzung des Werks. Sie beschließen, zu ihrer ursprünglichen Tätigkeit, dem Kopieren, zurückzukehren: »Sie kopierten […] alles, was ihnen in die Hände fiel«.

Was ist dumm an Bouvard und Pécuchet? Dass sie wissenschaftsbegeistert in einer Zeit zunehmender Verwissenschaftlichung des Lebens sich für buchstäblich alles interessieren, während nur noch Spezialisierung dem wissenschaftlichen Fortschritt angemessen ist, die doch zugleich als notwendige Beschränkung des Wissens den Keim der Verdummung in sich trägt? Ist es ihre Fixierung auf den Buchstaben, die ein kritisches Verhältnis zur Wissensaneignung gerade verhindert? Was auch immer Bouvard und Pécuchet sich aneignen, es folgt der Form der Kopie. Kopieren hält sich an die Oberfläche eines Textes, wiederholt ihn, ohne den Inhalt begreifen, Kontext und Geltung kennen zu müssen. Das Wissen wird gleichgültig: »Gleichheit von allem und jedem, des Guten und des Bösen, des Schönen und des Häßlichen, des Bedeutungslosen und des Charakteristischen«, schreibt Flaubert über die geplante Fortsetzung. Bouvard und Pécuchet kopieren von Hand; bald werden technische Medien über den Druck hinaus die Reproduktion übernehmen, damit die allgemeine Verfügbarkeit des Wissens erhöhen und zugleich das Wissen in entfremdeten Formen bis zum standardisierten Textbaustein um seine gesellschaftlich emanzipierende Wirkung bringen. Don Quijote wurde an den Ritterromanen irre, Flauberts »bonhommes« werden es an den Wissenschaften und anderem bürgerlichen Bildungsgut. »Offen gesagt, ich bin zermartert, zerschlagen. Es artet zu einer Strafarbeit aus, und ich habe noch drei Monate damit zu tun, abgesehen vom zweiten Band, für den ich sechs brauche«, heißt es in einem Brief an Turgenjew vom 7. April 1880. »Es wird Zeit, daß das Ende meines Buches kommt, sonst ist es das meine.« Einen Monat später, am 8. Mai, stirbt Flaubert an einem Schlaganfall.

XXV Strukturelle Dummheit – Marx

Zweck seines Werkes sei es, schrieb Karl Marx (1818–83) im Vorwort zum ersten Band des *Kapital*, »das ökonomische Bewegungsgesetz der modernen Gesellschaft zu enthüllen«. Dem »Naturgesetz ihrer Bewegung« auf die Spur zu kommen, daran ist eine bürgerliche Gesellschaft nur bedingt interessiert: Ihr Interesse gilt seinem widerstandsfreien Funktionieren, nicht aber der Aufklärung darüber, was dieses Funktionieren an sozial explosiven Gegensätzen und Kämpfen hervorbringt, die es selbst in Frage stellen. In diesem Interessensbruch sind Gesellschaft und Dummheit eigentümlich miteinander verklammert. Marx habe dem Begriff der Dummheit »keine theoretische Aufmerksamkeit geschenkt [...], sondern ihn zumeist als Invektive [Schmähung] verwendet«, schreibt Wolfgang Fritz Haug (1995, Sp. 855 ff.), doch sei sein Gebrauch des Wortes »theoretisch ergiebig«. Haug hat das auf den Begriff der »strukturellen Dummheit« gebracht: Die ökonomisch-gesellschaftlichen Strukturen, die Regeln, denen sie folgen, die Metamorphosen, die sie durchlaufen, stellen sich in verkehrten Formen dar, sind prima facie undurchsichtig und missverständlich. Dummheit ist ein Struktureffekt der kapitalistischen Produktion. Verstärkend treten gemeinplätzige oder wissenschaftsförmige Rechtfertigungen hinzu: Verdummung behindert die Erkenntnis- und Handlungsfähigkeit der gesellschaftlichen Produzenten.

Die Genese struktureller Dummheit lässt sich am »Geheimnis der Plusmacherei« im kapitalistischen Produktionsprozess zeigen: Sie besteht in der Schaffung und Aneignung von Mehrwert. Mehrwert ist die Differenz zwischen dem Wert, den der Arbeiter im Arbeitsprozess produziert, und dem Wert, den die Arbeitskraft des Arbeiters als Ware hat, die der Unternehmer für einen vereinbarten Zeitraum kauft. Entscheidend für die Wertbestimmung einer Ware ist die durchschnittlich notwendige Arbeitszeit für die Produktion dieser Ware, also auch der Ware Arbeitskraft: Sie bemisst sich an der durchschnittlich notwendigen Arbeitszeit für die Produktion der Lebensmittel, die für die Reproduktion der Arbeitskraft benötigt werden. Wenn der Arbeiter für die vereinbarte Zeit dem Wert seiner Arbeitskraft entsprechend entlohnt wird und in dieser Zeit mehr Wert produziert als seine Arbeitskraft Wert hat, und wenn diese Differenz vom Unternehmer angeeignet wird, dann ist dieser Prozess der Mehrwertproduktion ein Ausbeutungsverhältnis und hat eine zunehmende Kluft zwischen den Gesellschaftsklassen, zwischen akkumuliertem Reichtum und bloßer Reproduktion der Arbeitskraft zum Ergebnis. In der Produktion des von der Länge des Arbeitstages abhängigen »absoluten Mehrwerts« sei – so Marx – dieses Verhältnis noch einfach, und der »wirkliche Zusammenhang« dränge sich den Trägern des Prozesses auf, wie der Kampf um die Grenzen des Arbeitstages zeige. Doch dabei bleibt es nicht (vgl. MEW 25,835 f.):

> »Mit der Entwicklung des relativen Mehrwerts [...], womit sich die gesellschaftlichen Produktivkräfte der Arbeit [Maschinerie, Kooperation usw.] entwickeln, erscheinen diese Produktivkräfte und die gesellschaftlichen Zusammenhänge [...] als aus der Arbeit in das Kapital verlegt. Damit wird das Kapital schon ein sehr mystisches Wesen, indem alle gesellschaftlichen Produktivkräfte der Arbeit als ihm, und nicht der Arbeit [...] zukommende [...] Kräfte erscheinen.«

Der Zirkulationsprozess der Waren verdreht das Verständnis zusätzlich: In der Zirkulation muss der in den Waren enthaltene Wert und Mehrwert realisiert werden. Sie erzeugt aber den Schein, als sei sie eine eigenständige Quelle von Wert und Mehrwert, und zwar begünstigt durch zwei Faktoren: erstens durch den Profit bei Veräußerung der Waren, »der von Prellerei, List, Sachkenntnis, Geschick und tausend Marktkonjunkturen abhängt«; zweitens durch den Umstand, »daß hier neben der Arbeitszeit ein zweites bestimmendes Moment hinzutritt, die Zirkulationszeit. Diese [...] hat aber den Schein, als sei sie ein ebenso positiver Grund wie die Arbeit selbst und als bringe sie eine aus der Natur des Kapitals hervorgehende, von der Arbeit unabhängige Bestimmung herein« (ebd.). So erfährt die kapitalistische Waren-Produktion eine Vielzahl von Gestaltumwandlungen, die »die wahre Natur des Mehrwerts« verhüllen und damit »das wirkliche Triebwerk des Kapitals« dem Verständnis entrücken.[1]

Strukturelle Dummheit, also eine Form der Dummheit als Sich-selbst-Verbergen der Verhältnisse und damit zugleich eine Immunisierung gegen verändernde Eingriffe, wird durch zusätzliche Legitimierungen gestützt. Dazu trägt die bürgerliche »Vulgärökonomie« bei, die »in der entfremdeten Erscheinungsform der ökonomischen Verhältnisse [...] sich vollkommen bei sich selbst fühlt«, der »diese Verhältnisse um so selbstverständlicher erscheinen, je mehr der innere Zusammenhang an ihnen verborgen ist« (ebd., 825). Eines von vielen Beispielen liefert Marx in dem Abschnitt über die »Produktion des absoluten Mehrwerts« und die Kämpfe um die Länge des Arbeitstages unter dem ironischen Titel »Seniors ›Letzte Stunde‹« (MEW 23,237 ff.): Der Oxforder Ökonom Nassau William Senior (1790–1864) hatte die »Unmöglichkeit« einer Senkung des Arbeitstages unter 11½ Stunden »bewiesen«, indem er die Wertproduktion eines Arbeitstages nach ihren Bestandteilen in einem zeitlichen Nacheinander anordnete. Danach reproduziere der Arbeiter in den ersten 10½ Stunden vorgeschossenes und verarbeitetes Rohmaterial, vorgeschossene und abgenutzte Sachmittel (Fabrikgebäude und Maschinen) und den Arbeitslohn, und erst in der letzten Arbeitsstunde produziere er den »Reingewinn«. Falls daher (Marx zitiert Senior) »die Arbeitsstunden täglich um 1 Stunde reduziert würden, würde der Reingewinn verschwinden«. In Wirklichkeit verhält es sich aber so, dass der Arbeiter den Wert der produktiv vernutzten Rohstoffe und Sachmittel während des ganzen Arbeitstages auf das Produkt überträgt und durch seine gesamte Arbeit den Neuwert

---

1 »Strukturelle Dummheit« ist in Analogie zum Begriff der »strukturellen Gewalt« von Johan Galtung gebildet, also einer Form von Gewalt, die aus objektiven gesellschaftlichen Macht-, Ausbeutungs- und Diskriminierungsverhältnissen erwächst. Der Beherrschung durch das kapitalistische Produktionsverhältnis als einer »blinden Macht« entspricht der »blaue Dunst«, den dieses Verhältnis im Verständnis seiner selbst erzeugt. – Haug hat seine Untersuchung des Marx'schen Wortgebrauchs auf die marxistische Tradition (Gramsci, Brecht und auch Eislers »Dummheit in der Musik«) ausgedehnt.

bildet, der seinen Lohn und den Mehrwert mit einschließt. Mitnichten würde also eine Verkürzung der Arbeitszeit dem Unternehmen den »Reingewinn« kosten. »Die verhängnisvolle ›letzte Stunde‹ aber, von der ihr mehr gefabelt habt als die Chiliasten vom Weltuntergang, ist ›all bosh‹« (ebd., 241).

Der strukturellen wie der subjektiv erzeugten Dummheit im kapitalistischen Produktionsprozess kann die Kritik der politischen Ökonomie entgegenwirken, indem sie Macht erzeugende Verkehrungen in den Beziehungen der Menschen aufdeckt und Nebelbildungen in ihren Köpfen aufklärt. Aufklärung allein hielt Marx freilich nicht für ausreichend. Wenn Dummheit ein Effekt sozialökonomischer Verhältnisse ist, muss in diese selbst verändernd eingegriffen werden, damit die Produzenten den Prozess ihrer gesellschaftlichen Produktion durchschauen und unter ihre gemeinschaftliche Kontrolle bringen können, statt von ihm als von einer blinden Macht beherrscht zu werden.

XXVI Arbeitsteilung als Verdummung

Menschliche Arbeit ist stets geteilte Arbeit. Dass sie so die produktiven Kräfte und den sozialen Zusammenhalt fördere und zugleich Leitung und Herrschaft nötig mache, ist eines der Hauptthemen im Nachdenken über Arbeit seit der Antike. Mit der Manufaktur nimmt sie Formen an, die – bei enorm gesteigerter Produktivität – in großem Maßstab die in sie hineingezwungenen Menschen körperlich und geistig verkrüppeln. Die pathogenen Wirkungen dieser Arbeitsteilung haben die schottischen Moralphilosophen kritisiert: »Viele Gewerbe«, schreibt Adam Ferguson (1723–1816) in seiner *Abhandlung über die Geschichte der bürgerlichen Gesellschaft,* »erfordern in der Tat keine geistige Befähigung. Sie gelingen am besten bei vollständiger Unterdrückung von Gefühl oder Vernunft, und Unwissenheit ist die Mutter der Betriebsamkeit sowohl wie des Aberglaubens.« Die Manufakturen profitieren davon, wenn »der Geist am wenigsten zu Rate gezogen wird«, wenn »die Werkstatt ohne besondere Anstrengung der Phantasie als eine Maschine betrachtet werden kann, deren einzelne Teile Menschen sind« (1767; 1904, 256 f.).

Und nach dem Lob der Arbeitsteilung zu Beginn seiner Untersuchung über den Reichtum der Nationen kommt Adam Smith (1723–90) später auf ihre verheerenden Wirkungen zu sprechen: Mit dem »Fortschritt der Arbeitsteilung« wird »die Tätigkeit des bei weitem größten Teiles derjenigen, die von der Arbeit leben […], auf ein paar sehr einfache Operationen […] beschränkt«. Wer davon betroffen ist, wird »so stumpfsinnig und unwissend, wie es eine menschliche Kreatur überhaupt nur werden kann«. An einer »vernünftigen Unterhaltung« teilzunehmen, ist ihm unmöglich. »Über die großen und ausgedehnten Interessen seines Landes ist er völlig unfähig ein Urteil zu fällen.« In jeder »zivilisierten Gesellschaft ist dies der Zustand, in dem sich die arbeitenden Armen, das heißt die große Masse des Volkes, notwendigerweise befinden müssen, solange sich die Regierung nicht darum bemüht, dies zu verhindern«. Smith empfiehlt eine Grundausbildung in Lesen,

Schreiben und Rechnen und eine gewerbeorientierte Einführung in die »Grundzüge der Geometrie und Mechanik« (1776; 1984, Bd. 3, 165 ff.).

Rund hundert Jahre später hat Marx im *Kapital* die Untersuchung der Arbeitsteilung auf die maschinisierte Industrie und ihre kapitalistische Form ausgeweitet (MEW 23,508):

> Die »große Industrie« hebt »die manufakturmäßige Teilung der Arbeit mit ihrer lebenslänglichen Annexion eines ganzen Menschen an eine Detailoperation technisch auf [...], während zugleich die kapitalistische Form der großen Industrie jene Arbeitsteilung noch monströser reproduziert, in der... Fabrik durch Verwandlung des Arbeiters in den selbstbewußten Zubehör einer Teilmaschine [...].«

Marx hielt es deshalb für notwendig, »das Teilindividuum, den bloßen Träger einer gesellschaftlichen Detailfunktion, durch das total entwickelte Individuum, für welches verschiedene gesellschaftliche Funktionen einander ablösende Betätigungsweisen sind«, zu ersetzen. Polytechnische und agronomische Schulen, Berufsschulen, »worin die Kinder der Arbeiter einigen Unterricht in der Technologie und praktischen Handhabe der verschiedenen Produktionsinstrumente erhalten«, sollten diesen Prozess fördern (ebd., 512). Mit der wissenschaftlich-technischen Entwicklung bis hin zur Automationsarbeit geraten beschränkende Fixierungen überlieferter Teilungsmuster unter Veränderungsdruck, eröffnen sich neue Möglichkeiten der Verbindung zuvor getrennter Tätigkeiten – freilich immer noch begrenzt und verkürzt durch kapitalistische Eigentums- und Herrschaftsverhältnisse (vgl. Projektgruppe Automation und Qualifikation 1987, 36 ff.)

Gesellschaftliche Arbeitsteilung setzt sich in den Individuen fort. Die Menschen treten als ganze Personen in die Arbeitsprozesse ein, werden dort aber nicht als ganze gebraucht: Einige Kräfte müssen enorm gesteigert, andere unterdrückt werden. Was unter dem Deckel der organisierten Tätigkeiten haust, ist ein ungebundener Überschuss an Gefühlen, Phantasien, Erinnerungen, Wünschen, für die es in der Arbeit sinnvolle Austragungsformen nicht gibt. Aufspaltungen der Kräfte lassen das

Denken nicht unbeschädigt. Den Verstand und die Triebkräfte der Wünsche und Gefühle auseinanderzureißen, trägt zur Verdummung bei, mit Adorno (1951; 1964, Nr. 79):

»Die Fähigkeiten, selber durch Wechselwirkung entwickelt, schrumpfen ein, wenn sie voneinander losgerissen werden [...]. Weil noch die fernsten Objektivierungen des Denkens sich nähren von den Trieben, zerstört es in diesen die Bedingung seiner selbst. Ist nicht das Gedächtnis unabtrennbar von der Liebe, die bewahren will, was doch vergeht? Ist nicht jede Regung der Phantasie aus dem Wunsch gezeugt, der übers Daseiende in Treue hinausgeht, indem er seine Elemente versetzt? Ja ist nicht die einfachste Wahrnehmung an der Angst vorm Wahrgenommenen gebildet oder an der Begierde danach? Wohl hat der objektive Sinn der Erkenntnisse mit der Objektivierung der Welt vom Triebgrund immer weiter sich gelöst; wohl versagt Erkenntnis, wo ihre vergegenständlichende Leistung im Bann der Wünsche bleibt. Sind aber die Triebe nicht im Gedanken, der solchem Bann sich entwindet, zugleich aufgehoben, so kommt es zur Erkenntnis überhaupt nicht mehr, und der Gedanke, der den Wunsch, seinen Vater, tötet, wird von der Rache der Dummheit ereilt.«

Die Zuordnung der jeweils vereinseitigten und vernachlässigten Kräfte auf die Folge von Arbeits- und Freizeit verstärkt diese Tendenz. Die gegeneinander verselbständigten Lebenssphären mit ihren Funktionsbeschränkungen beeinträchtigen sich gegenseitig (ebd., Nr. 84):

»Keine Erfüllung darf an die Arbeit sich heften, die sonst ihre funktionelle Bescheidenheit in der Totalität der Zwecke verlöre, kein Funke der Besinnung darf in die Freizeit fallen, weil er sonst auf die Arbeitswelt überspringen und sie in Brand setzen könnte.«

XXVII Erziehung zur Dummheit

Die bürgerliche Gesellschaft formt ihre Subjekte. In ihren Sozialisationsagenturen modelliert sie Motive und Fähigkeiten, die ihren Funktionsansprüchen mehr oder weniger angemessen sein sollen. In den ökonomisch fundierten Zwängen und Verdrängungen lauern Fallen der Dummheit im doppelten Sinn: für die, die sie stellen, und für die, die deren Opfer sind. Der Psychoanalytiker Karl Landauer (1887–1945) hat die Dummheiten, die eine zwanglose Entwicklung verschiedener Lebensfunktionen von Kindern behindern, untersucht (1929; 1991, 86 ff.; 1939, 160 ff.): Das Verhältnis des Kindes zur Umwelt bedarf der Ausbildung von Aufmerksamkeit, die seine lebhafte Neugier mit einer zunächst wenig dauerhaften, leicht ablenkbaren und schnell ermüdenden Zuwendung abstimmt. Dabei hat die Aufmerksamkeit auch eine abblendende, vor übermäßigen Reizen schützende Funktion, die bei Beeinträchtigung zu »Zappeligkeit« und Sprunghaftigkeit führt. Überdies ist Aufmerksamkeit affektbesetzt: Da sie »liebende oder fürchtende Zuwendung ist, so ist sie sehr leicht durch Liebe und Hass [...] zu stören«. Das wird zu einem Einfallstor für Fehlhandlungen und Wahnbildungen. Die verschiedenen Einflüsse in der Entwicklung auszubalancieren, verlangt Verständnis und Geduld der Erziehenden. Ähnlich entwickelt sich die Merkfähigkeit allmählich.

> »Es dauert jahrelang, bis ein Kind sich mehrere Aufgaben, die ihm gleichzeitig gestellt werden, merken kann. Es geht z. B. fort, um etwas zu holen. Aber unterwegs wird es durch irgendeinen neuen Sinneseindruck erfasst, ›abgelenkt‹, und vergisst die Absicht, in der es wegging.«

Merkfähigkeit wie auch Aufmerksamkeit sind durch Übung steigerbar, aber Übung verlangt oft Regelung und Ausdauer, was eine ablehnende Haltung gegenüber dem Lernen begünstigen kann; soll diese sich nicht verfestigen, gilt es, behutsam damit umzugehen.

Trifft ein aufgenommener und gemerkter Sinneseindruck erneut, kommt es zum Wiedererkennen. Wiedererkennen ist Lustgewinn (wenn die Mutter erkannt wird) und Kraftersparnis (wenn man nicht bei jedem Eindruck erschrecken muss). Es hilft »über die Angst hinweg, wegen des vielen Unheimlichen, das den Umkreis erfüllt«. Es ermöglicht Ordnungsbildungen, leistet aber auch Schematisierungen Vorschub, die die Wirklichkeit verfehlen können. Es ist gestört, wenn Bekanntes für unbekannt gehalten wird; wenn es ausfällt, ist Ratlosigkeit die Folge.

> »Wie sehr der Schauende mit dem Geschauten, der Hörende mit dem Gehörten eins ist, beweist das Wiederholen durch das Kind, das Echoen: [...] Die Affekte der Umwelt stecken an. Bis in alle Feinheiten gibt [...] das Kind die Umwelt wieder.«

Dieses Einpassen in die Umwelt ist für die geistige Entwicklung »unschätzbar«, denn die »Sprachentwicklung, das ›Verstehen‹, das ›Nachfühlen‹ beruhen darauf.« Den Erwachsenen aber ist das Echoen oft lästig und, obwohl es sich mit der Zeit abschwächt, suchen sie es zu hindern und behindern damit die Fähigkeitsbildung des Verstehens und Einfühlens.

Ähnlich behandelt Landauer das Gedächtnis und die Erinnerung, das Denken und Sprechen. Für das Kind ist das Problem, schwach, hilflos, ›dumm‹ zu sein, überaus aktuell. Die ›Großen‹ nehmen ihm vieles weg oder enthalten es ihm vor, »besonders in Form des höchsten Liebesausdruckes, den das Kind kennt, des Zeitaufwandes«. Kinder stellen viele Fragen, »mehr als zehn Weise beantworten können«, aber das Fragen wird ihnen auch ausgetrieben. Ihnen fehlen die Worte, und oft werden sie ihnen verweigert. Weisen Eltern die Fragen ab oder weichen ihnen aus, lernen die Kinder, die Fragen und die Gedanken, die zu ihnen führen, einzuschränken. Sie werden »beschränkt«. Die Hemmung von Affektäußerungen behindert freie geistige Tätigkeit, die von den Affekten getragen wird. Landauer gibt Talbots resignierter Einsicht »Mit der Dummheit kämpfen Götter selbst vergebens« (in Schillers *Jungfrau von Orleans*, III,6) eine andere Bedeutung: »Gerade die Götter kämpfen gegen die

Dummheit vergebens«, wenn Erzieher »gottgleich« sich Autorität anmaßen, wenn sie auf Macht pochen, anstatt deren Kritik zu fördern. Die Hoffnung bleibt, dass die Unterdrückung des geistigen Lebens durch verdummende Erziehung nicht vollständig wirksam wird: Wo der Drill überspannt wird, weckt er Widerstand. »Gedanken der Kritik wagen sich vor als Wegbahner der befreienden Tat. Da, wo nicht bewusst gedacht werden kann, werden die Ketten der alltäglichen geistigen Beschränkung von ›Einfällen‹ durchbrochen« (1939, 173 f.). Doch solcher Widerstand trägt die Male der Beschädigung.

Horkheimer und Adorno haben am Ende der *Dialektik der Aufklärung* in einem kleinen Text »Zur Genese der Dummheit« (1944; 1969, 274 f.) sich auf Landauer bezogen: »Dummheit ist ein Wundmal«, Folge der Hemmung des Versuchs, aus sich in die Welt hinauszukommen: Die ausgestreckten Fühler der Schnecke, ein »Wahrzeichen der Intelligenz«, weichen vor dem Hindernis zurück und wagen sich nur zaghaft wieder hervor; der Versuch wird wiederholt, aber die Abstände dazwischen vergrößern sich. Erlahmen die Wiederholungen oder sind die Hemmungen zu brutal, wird sich die Aufmerksamkeit in eine andere Richtung orientieren; »das Kind ist an Erfahrung reicher, wie es heißt, doch leicht bleibt an der Stelle, an der die Lust getroffen wurde, eine unmerkliche Narbe zurück«. Und solche »Narben bilden Deformationen. Sie können Charaktere machen, hart und tüchtig, sie können dumm machen – im Sinn der Ausfallserscheinung, der Blindheit und Ohnmacht«. Auf allen Stufen in der Entwicklung der Menschengattung wie eines jeden Individuums gibt es die Narben als Zeugen der Behinderung möglicher Entfaltungen. Dummheit ist verstelltes, erstarrtes Leben.

XXVIII Kollektive Dummheit

Jeder, der über Dummheit sprechen wolle, müsse von sich voraussetzen, dass er nicht dumm sei. Bringe er dies zum Ausdruck, halte sich mithin für klug, so gelte genau dies als ein Zeichen von Dummheit. Es ist also Vorsicht geboten, warnt Robert Musil (1880–1942) in einem 1937 in Wien gehaltenen Vortrag *Über die Dummheit* (1937; 2014, 9 ff.) und stellt die Vorsicht, sich nicht klug zu zeigen, in die Tradition hierarchisierter Sozialbeziehungen, in denen genau dies für den Schwächeren gegenüber dem Stärkeren klug war.

»Spuren solcher alten Pfiffigkeit und Dummlistigkeit finden sich denn auch wirklich noch in Abhängigkeitsverhältnissen, wo die Kräfte so ungleich verteilt sind, daß der Schwächere sein Heil darin sucht, sich dümmer zu stellen als er ist [...]. Es reizt den, der die Macht hat, weniger, wenn der Schwache nicht kann, als wenn er nicht will.«

Klugheit wird an Untergebenen nur geschätzt, wo sie »mit bedingungsloser Ergebenheit« verbunden ist; wo nicht, gilt sie »als unbescheiden, frech oder tückisch«. Dummheit kann aber auch den Stärkeren reizen, Ungeduld, sogar Grausamkeit hervorrufen; ihre »Widerstandslosigkeit [macht] die Einbildung wild [...] wie der Blutgeruch die Jagdlust und [verlockt] sie in eine Öde [...], wo die Grausamkeit beinahe bloß darum ›zu weit‹ geht, weil sie an nichts mehr eine Grenze findet«. Solche Hemmungslosigkeit im Machtrausch ist zum Zeitpunkt der Rede Musils überaus aktuell (er spricht am Vorabend des Anschlusses Österreichs an Nazi-Deutschland):

»Namentlich ein gewisser unterer Mittelstand des Geistes und der Seele ist dem Überhebungsbedürfnis gegenüber völlig schamlos, sobald er im Schutz der Partei, Nation, Sekte oder Kunstrichtung auftritt und Wir statt Ich sagen darf.«

In der Welt sei ein Hang, »daß sich die Menschen, wo sie in großer Zahl auftreten, alles gestatten, was ihnen einzeln verboten ist«. Die »zunehmende Zivilisierung und Zähmung der Einzelperson« werde durch eine »wachsende Entzivilisierung der Nationen, Staaten und Gesinnungsbünde ausgeglichen«. In der Masse in ihrem dumpfen besinnungsarmen Zustand wird die intellektuelle Leistung der Einzelnen ebenso herabgesetzt wie der Mangel an ihr aufgewertet. Gustave Le Bon (1841–1931) behauptet ein Kompensationspotential für Minderwertigkeitsgefühle: »In den Massen verlieren die Dummen, Ungebildeten und Neidischen das Gefühl ihrer Nichtigkeit und Ohnmacht; an seine Stelle tritt das Bewußtsein einer rohen, zwar vergänglichen, aber ungeheuren Kraft« (1895; 1964, 31). Doch die Kompensation ist nur eine vorgestellte: Die phantasierte Allmacht dient der Unterwerfung unter die Suggestion eines Einheitswillens, unter das in einem Führer verkörperte Massenideal (vgl. Freud 1921; 1995, 91). Solche Massen sind (im Unterschied zu massenhaften Aktionen zur Befreiung von Unterdrückung) Brutstätten kollektiver Dummheit. Ihnen korrespondiert die Dummheit betriebsamer, aber gesellschaftlich verantwortungsloser Vertreter der Intelligenz, dazu später (vgl. Kap. XXIX).

Die Beseitigung des Abstands in der Masse hat Musil als Störung des Anstands beschrieben. Das Distanzgebot gehört zu den Regeln des Umgangs, einander nicht zu nahezutreten. Es wird verletzt, wenn jemandem ins Gesicht gesagt wird, er sei ein Dummkopf. Das Schimpfwort ist »die unterste Stufe eines nicht zur Ausbildung gelangenden Urteils, eine »Ungenauigkeit«, die es befähigt, »ganze Bereiche besser zutreffender, sachlicher und richtiger Worte zu verdrängen«. Um die Dummheit der Dummheitsschleuder zu verstehen, greift Musil auf ein zentrales Motiv der Massenpsychologie zurück: die Panik.[1]

---

1 Sigmund Freud hat die Panik als Zersetzung einer Masse beschrieben: die libidinösen Bindungen an den Führer und untereinander brechen auf, blinde Angst wird frei, jeder beginnt ohne Rücksicht auf die anderen für sich selbst zu sorgen (1921; 1993, 59).

»Wenn etwas auf einen Menschen einwirkt, das zu stark für ihn ist, sei es ein jäher Schreck oder ein anhaltender seelischer Druck, so kommt es vor, daß dieser Mensch plötzlich ›etwas Kopfloses‹ tut. Er kann zu brüllen beginnen, [...] kann ›blindlings‹ vor einer Gefahr davonlaufen oder sich ebenso blindlings in die Gefahr stürzen [...]. Alles in allem wird er an Stelle einer zweckmäßigen Handlung, die von seiner Lage gefordert würde, eine Fülle anderer hervorbringen, die [...] allzu oft [...] zwecklos, ja zweckwidrig sind.«

Der Verstand ist gelähmt, die Sprache hat es verschlagen, die Handlung verläuft planlos,

> »aber ihr unbewußter Plan ist der, die Qualität der Handlungen durch deren Zahl zu ersetzen, und ihre nicht geringe List beruht auf der Wahrscheinlichkeit, daß sich unter hundert blinden Versuchen, die Nieten sind, auch ein Treffer findet [...]. Mit anderen Worten heißt das, ein gezieltes Handeln durch ein voluminöses vertreten zu lassen [...].«

Der Gebrauch vieler Worte und der Gebrauch undeutlicher Worte haben eine ähnliche Funktion: beide vergrößern den Umfang dessen, worauf mit Worten gezielt werden kann. In der panischen Regression, dem »Schimpfanfall«, mit dem Personen und Sachen als »dumme« überzogen werden, ist es die Unterbestimmtheit des Wortes ›dumm‹ selbst, gleichsam dessen Dummheit, die zu seinem Gebrauch verleitet.

Dummheit ist für Musil weniger ein objektiver Tatbestand, als ein Ergebnis von Sinnverweigerungen, von Abwehrbewegungen gegenüber Handlungen und Situationen. »So hat jede Klugheit ihre Dummheit«, je nachdem ob körperliches Geschick oder Kopfarbeit gesellschaftlich dominieren. Für den Alltagsverstand hat der Dumme »eine lange Leitung«, ist »arm an Vorstellungen und Worten und ungeschickt in ihrer Anwendung«, der Gewohnheit und Wiederholung zugetan, mißtrauisch gegenüber Neuem. Dieser »schlichten Dummheit« kontrastiert Musil die intelligente als »die weitaus gefährlichere«: nicht Mangel an Intelligenz, sondern deren Versagen, eine »Bildungskrankheit« im Sinne von »Fehlbildung«, »Missverhältnis zwi-

schen Stoff und Kraft der Bildung«. Sei die »ehrliche Dummheit« eine »stille Künstlerin, so die intelligente das, was an der
Bewegtheit des Geisteslebens, vornehmlich aber an seiner Un-
beständigkeit und Ergebnislosigkeit mitwirkt«: »keine Geisteskrankheit«, doch eine »Krankheit des Geistes«.

XXIX Varianten intellektueller Dummheit: Schmock, Humbug, Bullshit

Salbungen und Amtskleider (so Montaigne in den *Essais*, Bd. III, 8) verschaffen »hohlen und seichten Reden ein Ansehen«, das hat Tradition. In der Moderne ist dies im Zusammenhang mit der explosionsartigen Vermehrung intellektueller Tätigkeiten zu einem hierarchisch tief gestaffelten Massengeschäft geworden. Die 2. Szene des Brecht'schen Stücks *Turandot oder Der Kongreß der Weißwäscher* (im August 1954 fertiggestellt) führt in ein Teehaus, in dem »Tuis« ihre Dienste feilbieten: »Zwei kleinere Formulierungen für 3 Yen« oder »Hier werden Meinungen gewendet. Danach wie neu«. Einer brüstet sich: »Ich verkaufe keine Meinungen von der Stange [...]. Ich verkaufe nur Modellmeinungen.« Als die Tochter des Kaisers von China, Prinzessin Turandot, inkognito das Teehaus betritt, erklärt der begleitende »Hoftui«, hier seien nur die niedrigsten Tuis versammelt. »Die großen, welche Recht sprechen, Bücher schreiben, die Jugend erziehen«, würden hier nicht verkehren. »Jedoch bemühen sich auch diese weniger bedeutenden, der Bevölkerung bei ihren vielfältigen Geschäften geistig beizustehen.« Für Tätigkeiten dieser Art sind im Laufe der Zeit neue Wörter gebildet worden, die die Dummheits-Semantik bereichert haben.

Eines ist »Schmock«, seit Mitte des 19. Jahrhunderts in Gebrauch für intellektuelle Blender und Opportunisten und für deren Produkte: leeres, geschwollenes Gerede. Rudolf Arnheim (1904–2007) hat in einer kleinen *Psychologie des Schmocks* (1928; 2004, 131 ff.) einen Schriftsteller porträtiert, der im Auftrag einer »geachteten Zeitschrift« einen Artikel über Beethoven schreibt, indem er ihn nicht schreibt, aber dieses Nicht-Schreiben in lauter Assoziationen ausgehend vom Es-Dur-Akkord im Klavierkonzert op. 73 über »perspektivisches Komponieren« und Marschrhythmik bis zu den »Schwimmbewegungen der Glockenqualle« umschreibt. Nach einem Vergleich des Rondos mit den Gravitationsgesetzen der Physik schickt er seinen vierseitigen Nicht-Artikel an die Redaktion mit der abschließenden Bemerkung, dass derjenige, der über Beethoven schreiben wolle, Jahrhunderte benötige. Schmock reizt zu Satire und Parodie. Eine Variante zur Geschichte Arnheims bietet der Aufsatz eines Physikers, der (in parodistischer Absicht) zeigte, was dabei herauskommt, wenn postmoderne Denker sich naturwissenschaftlicher Konzepte (etwa der Quantenmechanik) bedienen, um physikalische Gesetze als gesellschaftliche Konventionen auszugeben: eben Schmock. Die Parodie wurde von einer einflussreichen kulturwissenschaftlichen Zeitschrift als ernst gemeinter Beitrag zur »postmodernen Wissenschaft« veröffentlicht (Sokal 1996; 1999, 262 ff.). Schmock ist mit Arnheim ein von Massenmedien vermitteltes »buntes Menü«, das Intellektuelle »unordentlich« hinunterschlingen; eine gebildete Universalität wird »mit der behenden Auffassungsfähigkeit weiträumiger Gehirne« verwechselt, »die deswegen noch gut und gerne hohl sein können«.

Ein anderes Wort ist »Humbug«, dem der Philosoph Max Black (1909–88) nachgegangen ist (1986, 115 ff.). Er zitiert George Bernard Shaw aus einem Interview mit einem Journalisten, der ihn auf eine politische Konferenz als »Vorbote des internationalen Verständnisses und guten Willens« angesprochen hatte. »Shaw exploded: ›Do you really believe that? Humbug.‹« Eine erste Annäherung an die Bedeutung des Wortes ergibt eine Ähnlichkeit mit der Lüge, ferner Assoziationen mit Anmaßung, Hochgestochenheit oder Heuchelei. »Zeremonielle und politische Gelegenheiten verlocken zum Humbug.« Black zitiert aus einer Rede zum »Inauguration Day« der Cornell University im Oktober 1868. Die Universität war eine einzige Baustelle, überall Haufen von Schutt; das Geologie-Department residierte neben dem Kohlen-Keller. Der Redner verfuhr nach dem Prinzip »Kümmere dich um den Sound, und der Nonsens sorgt für sich selbst«:

»Das ist unsere Universität, unser Cornell, gleich einem Kriegsschiff, alle Segel gesetzt, die Takelage vollständig aufgezogen vom Bug bis zum Heck, Mannschaft und Passagiere an Bord, und eben da ich zu Ihnen spreche und die Herbstsonne im Westen niedergeht, beginnt es über die Wellen zu gleiten, voran mit Frohlocken, die Leinwand überzogen mit flirrenden Farben, die Glocken läuten, das Herz schlägt mit Hoffnung und Freude.«

Humbug besteht darin, »mehr zu sagen, als man vernünftigerweise denken kann, um eines üppigen Klangs der Sätze willen«. Er ist ein schleichender Missbrauch von Sprechhandlungen, der das Bewusstsein der Frage, ob eine Aussage wahr oder falsch ist, betäubt. Es handelt sich gleichsam um eine Umkehrung des Märchens vom Kaiser und seinen neuen Kleidern: »zu viele Kleider und kein Kaiser«. Als kurzfristige Gegenmaßnahme empfiehlt Black (im Anschluss an Shaws Diktum) die »Shavian probe«: »Do you really mean that?« Eine elaboriertere Strategie ist, »die Humbug-Phrasen wörtlich zu nehmen, um ihre Übertreibungen und Absurditäten aufzudecken.«

Harry G. Frankfurt (geb. 1929) hat in einer Erkundung *On Bullshit* (1988, 117 ff.; dt. 2006) an Black angeknüpft. Wenn ein Redner am Nationalfeiertag »unser großartiges und gesegnetes Land« beschwört, »dessen Gründungsväter unter Gottes Führung eine neue Ära für die Menschheit eingeläutet haben«, dann wäre das nur dann eine Lüge, wenn er seine Zuhörer etwas glauben machen wollte, was er selbst nicht glaubt. Der Redner versucht aber gar nicht, »seine Zuhörer über die amerikanische Geschichte zu täuschen«. Ihm gehe es vielmehr darum, »was die Menschen über ihn denken. Er möchte, daß sie ihn für einen Patrioten halten, für jemanden, der tiefgründige Gedanken und Gefühle über den Ursprung und die ›Mission‹ unseres Landes hegt, der die bedeutende Rolle der Religion würdigt [...] und so weiter.« Der Bullshitter täuscht also nicht über das, was er vorbringt, sondern über das, was er eigentlich vorhat. Er verbirgt, »daß der Wahrheitswert seiner Behauptung keine besondere Rolle für ihn spielt«, denn es ist ihm gleichgültig, »ob seine Behauptungen die Realität korrekt beschreiben«. Sie sollen vielmehr seiner Selbstdarstellung förderlich sein. Das Desinteresse des Bullshitters an der Differenz zwischen Lüge und Wahrheit (die für den Lügner nicht gleichgültig ist, weil er sie genau kennen muss, soll seine Lüge erfolgreich sein) macht ihn zu einem größeren Feind der Wahrheit als den Lügner.

Exzessives Bullshitting beeinträchtigt überdies die Realitätswahrnehmung. Die exzessive Produktion von Bullshit erklärt Frankfurt mit den gegenwärtig prägenden gesellschaftlichen Bedingungen, die zum Reden über Gegenstände ohne ausreichende Kenntnisse und eigene Erfahrungen anhalten, vor allem im politischen Leben und seinen Abbildern in den Massenmedien, in denen die Verführung zum Sprechen über fast alles bei gleichzeitiger Ignoranz verbreitet ist.[1]

1 »Tui« ist aus den Anfangsbuchstaben von »Tellekt-Uell-In« gebildet. Schmock, Humbug und Bullshit sind unsicherer bis unbekannter Herkunft: Schmock stammt nach Küppers *Wörterbuch der deutschen Alltagssprache* aus dem Slowenischen, nach Dudens *Großem Wörterbuch der deutschen Sprache* aus dem Jiddischen (mit den Bedeutungen Narr oder Snob; »shmok« steht auch umgangssprachlich für den beschnittenen Penis). – Humbug kommt um die Mitte des 18. Jahrhunderts in England auf (»neither an English word nor a derivative from any other language«). Küpper vermerkt die Übernahme des Wortes ins Deutsche um 1830. – Zu Bullshit versammelt Frankfurt Belege aus dem frühen 20. Jahrhundert. Das *Oxford English Dictionary* verweist überdies auf »bull« (»ludicrous inconsistency«) und »to bull« (»to make a fool of«, seit dem 17. Jahrhundert).

XXX Kein Ende

Die Erfahrung einer Dummheit beginnt mit einer Irritation: Etwas läuft schief, steht am falschen Platz, kommt unerwartet ins Spiel, verliert sich im Nebel sprachlicher Ohnmacht – und nötigt zum Innehalten. Die Berührung mit einer widerständigen Realität kann schmerzhaft sein, die Fehleinschätzung der eigenen Kräfte demütigend, die Wahrnehmung einer Ungereimtheit im Denken und Handeln komisch. Nachdem der Schmerz abgeklungen ist, die narzisstische Kränkung an Schärfe verloren, die Spannung der Inkongruenz im Lachen sich gelöst hat, wird die Reflexion eine Vielzahl von Ursachen aufdecken: Etwas wurde übersehen oder falsch gedeutet, das Wissen war unzureichend, die Worte fehlten, ein Ausweg erwies sich als Sackgasse, Eigendynamik und Nebenwirkungen einer Handlung wurden verkannt. Daraus kann gelernt werden – doch mit unsicherem Ergebnis.

Dummheit verwandelt sich fortwährend im Verlauf der Sozialisation: Sie kann abgebaut, aber auch durch anhaltende Beschränkungen verstärkt und perpetuiert werden. Was auch immer, ungeachtet aller sozialen Hindernisse und psychischen Barrieren, gegen sie aufgeboten wird: Wissen, Lehren, Techniken usw. – ist selbst noch mit ihr geschlagen. Torheit und Verstand haben mit Kant (in den *Träumen eines Geistersehers*) »unkenntlich bezeichnete Grenzen«. Sie bilden die seltsamsten Mischungen. Das eine kann ins andere umschlagen. Der über alle Zeiten und Räume ausschweifende Geist endet als Dilettant ebenso in Dummheit wie umgekehrt der Spezialist, der nicht über sich hinauskommt. Vollends verfällt ihr, wer (wie die Sekte der »Äolisten« in Swifts *Tonnenmärchen*) Wörter und Wissen in heiße Luft verwandelt. Dummheit beschädigt Verstand und Gefühle. Doch sie kann auch vorgetäuscht werden, sie kann sich als ihr Gegenteil oder als ein Versuch entpuppen, eine methodische Haltung zur Erkenntnisgewinnung einzunehmen. Zeitlich begrenzt und in ritualisierten Formen lässt sie mit sich spielen.

Dummheit trifft nicht nur Einzelne, verdichtet in sozialen Charakteren, sie infiziert auch kollektive Bewusstseinslagen, lagert sich sozialen Strukturen ein, ergreift Gruppen und Massen.

Sie macht die dumm, die mit ihr in Berührung kommen, wie Brechts Herr Keuner an sich selbst bemerkt. Die Gesellschaftlichkeit der Dummheit wird im Laufe der Geschichte immer ausgreifender und zudringlicher. Ihre Lokalisierung in besonderen Gemeinden oder Regionen (in Abdera, Laleburg/Schilda oder Chelm, in Arkansas oder Ostfriesland) hat Züge einer Sündenbock-Projektion, in der der Spott über eine lokal begrenzte, minoritäre Gruppe von den eigenen Torheiten entlastet. Wissen ist Macht, doch Dummheit nicht minder: »We rule you, if we can fool you« (so sozialistische Kapitalismus-Karrikaturen zu Beginn des 20. Jahrhunderts). Die Zuschreibung von Dummheit ist dabei mit gesellschaftlichen Hierarchien und Arbeitsteilungen verbunden. Sie richtet sich autoritär gegen Beherrschte. Doch kann sich in ihr auch Widerstand gegen Herrschende verschanzen. Letztere befestigen ihre Bestimmungsmacht durch angemaßte Normierungsvorrechte. Wo allerdings der Zusammenhang von Normverletzung (»Sünde«) und Dummheitsvorwurf auseinanderbricht, gerät das Nachdenken über Dummheit ins Straucheln: Unsicherheit schürt den Verdacht, sie treibe überall ihr Unwesen (Universalisierung). Unschärfen und Mehrdeutigkeiten veranlassen Bemühungen um Präzision (Spezifizierung). Systementwürfe des Welt- und Menschenverständnisses machen Vergleich, Zusammenhang, Konstruktion nötig (Systematisierung). An die Stelle der Versuche, Dummheit als objektiven Tatbestand aufzufassen, treten zunehmend subjektive Sinnverweigerungen gegenüber dem eigenen oder dem Tun und Lassen der Anderen. Man könnte von einer Pluralisierung des Verständnisses von Dummheit sprechen. Wie auch immer sie bestimmt wird, sie bleibt unterbestimmt: das ist das Dumme der Dummheit.

Was ist da zu tun? Die Erfahrung einer Dummheit kann – mit Einschränkungen – verallgemeinert, zur Lehre für die Nachgeborenen aufbereitet, als Zwischenschritt in eine Denkbewegung oder einen Entwicklungsprozess eingebaut werden. Einen Schutz vor Wiederholung bietet das nicht. Dennoch: Ihrer Reflexion und Revision sich zu verschließen, käme ihrer Verstärkung gleich. Eine Auf- und Abspaltung menschlicher Kräfte, deren Vereinseitigung und Verrohung, Abstriche an Mündigkeit und Selbstbestimmung, an Handlungs- und Entwicklungsfähigkeit müssen nicht hingenommen werden. Eine verkehrte Ordnung erzeugt Verkehrungsdruck. Alle Gegenwehr leidet freilich unter den Beschränkungen, mit denen noch jede Ordnungsleistung in einem unabsehbaren Raum des Unbestimmten zu rechnen hat.

Ist die Dummheit vor ihren Gegnern auf dem Rückzug, oder wächst sie mit ihnen? Als Faustregel lässt sich sagen: Dummheit hält Schritt mit dem, was als ihr Gegenstück in Geltung ist. Ein Ende ist nicht abzusehen. Ihre ständige Erneuerung steht für das Rätselhafte, Störanfällige, Unbeherrschte in der Welt, auch dort, wo wir selbst sie gemacht, haben; gerade dort, wo wir selbst sie machen, gibt es Grund, der Dummheit das Feld zu bestreiten. Ihre Reflexion ermöglicht zugleich die Einsicht, dass, wer über sie spricht, den Anspruch erhebt, über sie Bescheid zu wissen, mithin nicht dumm zu sein, was wiederum dumm ist. Das macht die Frage unabweisbar: Wie hält das Reden über Dummheit eine selbstkritische Distanz zu sich aufrecht? Immer wieder war es im Laufe der Geschichte hilfreich, versuchsweise die Perspektiven zu wechseln, den gegenteiligen Standpunkt einzunehmen, die Welt auf dem Kopf stehend wahrzunehmen. Hans Magnus Enzensberger hat am Ende seines *Irrgartens der Intelligenz* (2007, 55 ff.) der Dummheit eine Hymne gewidmet: Darin wird sie als »Himmelsmacht« besungen, »die sich verbirgt in den Falten des Stammhirns«, als »bodenlose Mitgift an das Menschengeschlecht«, die es »in immer neuen Verwandlungen« zu allerlei inspiriert, als »oft Verleumdete«, die sich in ihrer Schlauheit dümmer stellt, als sie ist. Die Hymne schließt mit einer Anrufung der Dummheit als »Beschützerin aller Hinfälligen«,

»nur den Auserwählten läßt du zukommen deine seltenste
Gabe,
die gebenedeite Einfalt der Einfältigen.

Sie sind die unbeschriebenen Blätter in deinem großen Buch, dessen Siegel du keinem von uns eröffnest«.

Literatur

Addison, Joseph / Steele, Richard [u. a]: The Spectator. Vol. 1,2. London / New York 1958.

Adorno, Theodor W.: Minima Moralia. Reflexionen aus dem beschädigten Leben. Frankfurt a. M. 1964.

Agrippa von Nettesheim: Die Eitelkeit und Unsicherheit der Wissenschaften und die Verteidigungsschrift. Hrsg. von Fritz Mauthner. 2 Bde. München 1913.

– Vom Adel und Fürtreffen Weibliches geschlechts. In: Ob die Weiber Menschen seyn, oder nicht? Hrsg. von Elisabeth Gössmann. München 1988. S. 53–95.

Aischylos: Der gefesselte Prometheus. In: A.: Tragödien und Fragmente. Hrsg. und übers. von Oskar Werner. München 1959. S. 409–485.

D'Alembert, Jean le Rond: Einleitende Abhandlung zur Enzyklopädie (1751). Berlin 1958.

Aristoteles: Nikomachische Ethik. Übers. und Nachw. von Franz Dirlmeier. Anm. von Ernst A. Schmidt. Bibliogr. erg. Ausg. Stuttgart 2003. (Reclams Universal-Bibliothek. 8586.)

– Von der Dichtkunst. In: A.: Werke. Bd. 2. Eingel. und übertr. von Olof Gigon. Zürich [u. a.] 1950. S. 349–439.

Arnheim, Rudolf: Zur Psychologie des Schmocks. In: R. A.: Stimme von der Galerie. Berlin/Wien 2004. S. 131–136.

Augustinus: Enarratio in Psalmum 65. In: Hildegund Müller: Eine Psalmenpredigt über die Auferstehung. Wien 1997. S. 48–101.

– De trinitate (Bücher VIII–XI, XIV–XV). Hamburg 2001.

Berger, Peter L.: Redeeming Laughter. The Comic Dimension of Human Experience. Berlin / New York 1997. – Dt. u. d. T.: Erlösendes Lachen. Das Komische in der menschlichen Erfahrung. Berlin / New York 1998.

Die Bibel. Nach der Übersetzung Martin Luthers. Stuttgart 1985.

Black, Max: The Prevalence of Humbug. In: M. B.: The Prevalence of Humbug and Other Essays. Ithaca (NY) / London 1983. S. 115–143.

Blumenberg, Hans: Das Lachen der Thrakerin. Eine Urgeschichte der Theorie. Frankfurt a. M. 1987.

Bock, Gisela / Zimmermann, Margarete (Hrsg.): Die europäische Querelle des Femmes. Geschlechterdebatten seit dem 15. Jahrhundert. Stuttgart/Weimar 1997.

Brandt, Reinhard: Kritischer Kommentar zu Kants Anthropologie in pragmatischer Hinsicht (1798). Hamburg 1999.

Brant, Sebastian: Das Narrenschiff. Hrsg. von Friedrich Zarncke. Leipzig 1854. – Reprgr. Nachdr. Hildesheim 1961.

Caillois, Roger: Die Spiele und die Menschen. Maske und Rausch. München/Wien [o. J.].

– Theorie des Festes. In: Das Collège de Sociologie 1937–1939. Hrsg. von Denis Hollier. Frankfurt a. M. 2012. S. 551–593.

Castiglione, Baldesar: Das Buch vom Hofmann. Bremen [o. J.].

Catholy, Eckehard: Das Fastnachtsspiel des Spätmittelalters. Gestalt und Funktion. Tübingen 1961.

Cervantes Saavedra, Miguel de: Der sinnreiche Junker Don Quijote von der Mancha. Übertr. von Ludwig Braunfels. München 1961.

Chodowiecki, Daniel: Monatskupfer zum Göttinger Taschenkalender mit Erklärungen Georg Christoph Lichtenbergs 1778–1783. Berlin [o. J.].

Curtius, Ernst Robert: Europäische Literatur und lateinisches Mittelalter. Bern/München 1961.

Davis, Natalie Zemon: Humanismus, Narrenherrschaft und die Riten der Gewalt. Gesellschaft und Kultur im frühneuzeitlichen Frankreich. Frankfurt a. M. 1987.

Diderot, Denis: Rameaus Neffe. In: D. D.: Ästhetische Schriften. Übers. und hrsg. von Friedrich Bassenge. Bd. 2. Frankfurt a. M. 1968. S. 405–480.

– / d'Alembert, Jean le Rond (Hrsg.): Encyclopédie, ou Dictionnaire raisonné des sciences, des arts et des métiers. 35 Bde. Paris 1751–80. Nachdr. Stuttgart – Bad Cannstatt 1966.

Engel, Gisela / Hassauer, Friederike / Rang, Brita / Wunder, Heide (Hrsg.): Geschlechterstreit am Beginn der europäischen Moderne. Die Querelle des Femmes. Königstein i. Ts. 2004.

Enzensberger, Hans Magnus: Im Irrgarten der Intelligenz. Ein Idiotenführer. Frankfurt a. M. 2007.

Erasmus von Rotterdam: Colloquia familiaria /Vertraute Gespräche. Lat./Dt. Übers. und hrsg. von Herbert Rädle. Stuttgart 1976.

– Das Lob der Torheit. Übers. und hrsg. von Anton J. Gail. Stuttgart 1992. (Reclams Universal-Bibliothek. 1907.)

Erdmann, Johann Eduard: Ueber Dummheit. In: J. E. E.: Ernste Spiele. Vorträge. Berlin 1890.

Faßmann, David: Der Gelehrte Narr, Oder Gantz natürliche Abbildung Solcher Gelehrten, Die da vermeynen alle Gelehrsamkeit und Wissenschafften verschlucket zu haben [...]. Freyburg 1729.

Ferguson, Adam: Abhandlung über die Geschichte der bürgerlichen Gesellschaft. Jena 1904.

Flasch, Kurt: Nikolaus von Kues. Geschichte einer Entwicklung. Frankfurt a. M. 1998.

Flaubert, Gustave: Bouvard und Pécuchet. Roman. Dt. von Georg Goyet. Düsseldorf 1957.

– Briefe. Hrsg. und übers. von Helmut Scheffel. Stuttgart 1964.

– Wörterbuch der Gemeinplätze / Dictionnaire des idées reçues. Frz./Dt. Übers. und eingel. von Dirk Mülder. München 1968.

– Universalenzyklopädie der menschlichen Dummheit. Ein Sottisier. 2 Bde. Hrsg., übers. und ann. von Hans-Horst Henschen. Berlin [u. a.] 2004.

Flögel, Karl Friedrich: Geschichte der Hofnarren. Liegnitz/Leipzig 1789. – Reprgr. Nachdr. Hildesheim / New York 1977.

Folz, Hans: Das Spiel von dem König Salomon und dem Bauern Markolf. In: Fastnachtsspiele des 15. und 16. Jahrhunderts. Hrsg. von Dieter Wuttke. Stuttgart 2006. S. 57–81.

Foucault, Michel: Histoire des la folie à l'âge classique. Paris 1972. – Dt. u. d. T.: Wahnsinn und Gesellschaft. Frankfurt a. M. 1973.

Frankfurt, Harry G.: On Bullshit. In: H. G. F.: The Importance of What We Care About. Cambridge / New York 1988. S. 117–133. Dt. u. d. T.: Bullshit. Frankfurt a. M. 2006.

Freud, Sigmund: Massenpsychologie und Ich-Analyse. Frankfurt a. M. 1995.

– Der Witz und seine Beziehung zum Unbewußten. Frankfurt a. M. 1999.

Gamm, Gerhard: Der Wahnsinn in der Vernunft. Historische und erkenntniskritische Studien zur Dimension des Anders-Seins in der Philosophie Hegels. Bonn 1981.

Garzoni, Tomaso: The Hospital of Incurable Madness. L'hospedale de' pazzi incurabili (1586). Tempe (Arizona) 2009.

Geier, Manfred: Worüber kluge Menschen lachen. Kleine Philosophie des Humors. Reinbek b. Hamburg 2007.

Gigon, Olof: Idiotes. In: Untersuchungen ausgewählter altgriechischer sozialer Typenbegriffe. Hrsg. von Elisabeth Ch. Welskopf. Berlin 1981. S. 385–391.

Ginzburg, Carlo: Charivari, Jugendbünde und Wilde Jagd. Über die Gegenwart der Toten. In: C. G.: Spurensicherungen. München 1988. S. 59–77.

Gluckman, Max: Politics, Law and Ritual in Tribal Society. Chicago 1965.

Gössmann, Elisabeth (Hrsg.): Das Wohlgelahrte Frauenzimmer. München ²1998.

Gottsched, Johann Christoph: Versuch einer critischen Dichtkunst. Leipzig 1751. – Nachdr. Darmstadt 1962.

Gournay, Marie de: Œuvres Complètes. 2 Bde. Paris 2002.

Grundmann, Herbert: Litteratus – illitteratus. Der Wandel einer Bildungsnorm. In: Archiv für Kulturgeschichte 40,1 (1958) S. 1–65.

Gryphius, Andreas: Absurda Comica Oder Herr Peter Squentz. Schimpfspiel. Hrsg. von Gerhard Dünnhaupt. Stuttgart 1983. (Reclams Universal-Bibliothek. 7982.)

Harris, Max: A Rough and Holy Liturgy: A Reassessment of the Feast of Fools. In: ›risus sacer – sacrum risibile‹. Interaktionsfelder von Sakralität und Gelächter im kulturellen und historischen Wandel. Hrsg. von Katja Gvozdeva und Werner Röcke. Bern 2009. S. 77–100.

Haug, Wolfgang Fritz: Dummheit. In: Historisch-kritisches Wörterbuch des Marxismus. Hrsg. von W. F. H. Bd. 2. Hamburg 1995. Sp. 855–874.

– Dummheit in der Musik. In: Historisch-kritisches Wörterbuch des Marxismus. Hrsg. von W. F. H. Bd. 2. Hamburg 1995. Sp. 874–882.

Hausen, Karin: Die Polarisierung der ›Geschlechtscharaktere – Eine Spiegelung der Dissoziation von Erwerbs- und Familienleben. In: Sozialgeschichte der Familie in der Neuzeit Europas. Hrsg. von Werner Conze. Stuttgart 1976. S. 363–393.

Heers, Jacques: Vom Mummenschanz zum Machttheater. Europäische Festkultur im Mittelalter. Frankfurt a. M. 1986.

Hegel, Georg Wilhelm Friedrich: System der Philosophie. Dritter Teil: Die Philosophie des Geistes. In: G. W. F.: Sämtliche Werke. Hrsg. von Hermann Glockner. Bd. 10. Nachdr. Stuttgart – Bad Cannstatt 1965.

Heine, Heinrich: Reisebilder. Dritter Teil. In: H. H.: Sämtliche Werke. Hrsg. von E. Elster, Bd. 3. Leipzig/Wien [o. J.].

Heins, Annemarie: Die Ausdrücke zur Bezeichnung der Dummheit im Französischen. Diss. Humboldt Universität Berlin 1957.

Hell, Bertrand: Possession et chamanisme. Les maîtres du désordre. Paris 1999.

Herder, Johann Gottfried: Ueber Thomas Abbts Schriften. In: J. G. H.: Sämtliche Werke. Hrsg. von Bernhard Suphan. Bd. 2. Berlin 1877. – Reprogr. Nachdr. Hildesheim 1967.

Herder, Johann Gottfried: Briefe zu Beförderung der Humanität. In: J. G. H.: Sämtliche Werke. Hrsg. von Bernhard Suphan. Bd. 17. Berlin 1881. – Reprogr. Nachdr. Hildesheim 1967.

– Ob Malerei oder Tonkunst eine größere Wirkung gewähre? In: J. G. H.: Sämtliche Werke. Hrsg. von Bernhard Suphan. Bd. 15. Berlin 1888. – Reprogr. Nachdr. Hildesheim 1967.

Hobbes, Thomas: Leviathan oder Stoff, Form und Gewalt eines kirchlichen und bürgerlichen Staates. Hrsg. und eingel. von Iring Fetscher. Übers. von Walter Euchner. Frankfurt a. M. 1984.

Homer: Odyssee. Griech./Dt. Übers. von Anton Weiher. München ²1961.

Horaz: Sämtliche Werke. Lat./Dt. Hrsg. von Hans Färber. München 1957.

Horkheimer, Max: Montaigne und die Funktion der Skepsis. In: M. H.: Kritische Theorie. Bd. 2. Frankfurt a. M. 1968. S. 201–259.

– Die Aktualität Schopenhauers. In: M. H.: Gesammelte Schriften. Bd. 7: Vorträge und Aufzeichnungen 1949–1973. Frankfurt a. M. 1985. S. 122–142.

– / Adorno, Theodor W.: Dialektik der Aufklärung. Frankfurt a. M. 1969.

Hossenfelder, Malte: Antike Glückslehren. Stuttgart 1996.

Ischer, Rudolf: Johann Georg Zimmermann's Leben und Werke. Bern 1893.

Isidor von Sevilla: Die Enzyklopädie. Wiesbaden 2008.

Jean Paul: Das Lob der Dummheit: In: J. P.: Sämtliche Werke. Hrsg. von Norbert Miller. Abt. II. Bd. 1: Jugendwerke 1. Darmstadt 1974, S. 307–368.

– Unterschied zwischen dem Narren und dem Dummen. In. J. P.: Sämtliche Werke. Hrsg. von Norbert Miller. Abt. II. Bd. 1: Jugendwerke 1. Darmstadt 1974. S. 260–266.

Jedan, Christoph: Die Dummen und der Weise. Zur dichotomischen Anthropologie der Stoiker. In: Philosophische Anthropologie in der Antike. Hrsg. von Ludger Jansen und Christoph Jedan. Heusenstamm b. Frankfurt a. M. 2010. S. 185–204.

Johannes von Salisbury: Policraticus. Eine Textauswahl. Lat./Dt. Übers. von Stefan Seit. Freiburg i. Br. [u. a.] 2008.

Kant, Immanuel: Werke in sechs Bänden. Hrsg. von Wilhelm Weischedel. Darmstadt 1963–66.

Kasten, Ingrid: ›Narrheit‹ und ›Wahnsinn‹. Michel Foucaults Rezeption von Sebastian Brants Narrenschiff. In: Festschrift Walter Haug und Burghart Wachinger. Hrsg. von Johannes Janota [u.a.]. Bd. 1. Tübingen 1992. S. 233–254.

Kerényi, Karl: Mythologische Epilegomena. In: Paul Radin: Der göttliche Schelm. Ein indianischer Mythen-Zyklus. Zürich 1954. S. 155–181.

Knigge, Adolph Freiherr von: Über den Umgang mit Menschen. Bremen 1964.

Könneker, Barbara: Wesen und Wandlung der Narrenidee im Zeitalter des Humanismus. Brant – Murnau – Erasmus. Wiesbaden 1966.

Kraus, Annie: Über die Dummheit. Frankfurt a. M. 1948.

La Bruyère, Jean de: Les Caractères de Théophraste traduits du grec avec Les Caractères ou les Mœurs de ce siècle. Paris 1999. – Dt. u. d. T.: Die Charaktere oder Die Sitten im Zeitalter Ludwigs XIV. Leipzig/Wien [o. J.].

Landauer, Karl: Intelligenz und Dummheit. In: Das psychoanalytische Volksbuch. Hrsg. von Paul Federn und Heinrich Meng. Bern 1939. S. 160–174.

– Zur psychosexuellen Genese der Dummheit. In: K. L.: Theorie der Affekte und andere Schriften zur Ich-Organisation. Frankfurt a. M. 1991. S. 86–108.

Lange, Armin: Weisheit und Torheit bei Kohelet und in seiner Umwelt. Frankfurt a. M. [u. a.] 1991.

Lavater, Johann Caspar: Von der Physiognomik. Frankfurt a. M. / Leipzig 1991.

Leporin, Dorothea Christiane: Gründliche Untersuchung der Ursachen, die das Weibliche Geschlecht vom Studiren abhalten. Berlin 1742. – Nachdr. Hildesheim, New York 1977.

Lessing, Gotthold Ephraim: Briefe, die neueste Literatur betreffend. In: G. E. L.: Gesammelte Werke. Hrsg. von Wolfgang Stammler. Bd. 2. München 1959.

– Hamburgische Dramaturgie. In: G. E. L.: Gesammelte Werke. Hrsg. von Wolfgang Stammler. Bd. 2. München 1959.

Lichtenberg, Georg Christoph: Über Physiognomik. In: G. Ch. L.: Gesammelte Werke. Hrsg. von Wilhelm Grenzmann. Bd. 2. Frankfurt a. M. 1949. S. 43–107.

Lukian: Das Gastmahl oder Die neuen Lapithen. In: L.: Werke in drei Bänden. Aus dem Griech. übers. von Christoph Martin Wieland. Bd. 1. Berlin/Weimar 1974. S. 188–210.

Luther, Martin: Wochenpredigten über Matth. 5–7. In: M. L.: Werke. Kritische Gesamtausgabe. Bd. 32. Weimar 1906.

Macrobius: Tischgespräche am Saturnalienfest. Einl., Übers. und Anm. von Eva und Otto Schönberger. Würzburg 2008.

Marx, Karl: Das Kapital. Kritik der politischen Ökonomie. 3 Bde. In: Karl Marx / Friedrich Engels: Werke. Bd. 23–25. Berlin 1968–71. [Zit. als: MEW, unter Nennung der Bandnummer und Seitenzahl.]

Meier, Harri: Die Onomasiologie der Dummheit. Heidelberg 1972.

Meiners, Irmgard: Schelm und Dümmling in Erzählungen des deutschen Mittelalters. München 1967.

Mendelssohn, Moses: Über das Erhabene und Naive in den schönen Wissenschaften. In: M. M.: Ästhetische Schriften. Hamburg 2006. S. 216–259.

Menninghaus, Winfried: Lob des Unsinns. Über Kant, Tieck und Blaubart. Frankfurt a. M. 1995.

Mezger, Werner: Narrenidee und Fastnachtsbrauch. Studien zum Fortleben des Mittelalters in der europäischen Festkultur. Konstanz 1991.

Minucius Felix: Octavius. Lat./Dt. Übers. und hrsg. von Bernhard Kytzler. Stuttgart 1983. (Reclams Universal-Bibliothek. 9860.)

Montaigne, Michel de: Les Essais. Paris 2007. – Dt. Übers.: Essais. Ausw. und Übers. von Herbert Lüthy. Zürich 1953.

Morgenstern, Salomon Jacob: Vernünfftige Gedancken von der Narrheit und Narren. Franckfurth a. d. Oder 1737.

Möser, Justus: Harlekin oder Verteidigung des Groteske-Komischen. Neckargemünd 2000.

Moser, Dietz-Rüdiger: Fastnacht-Fasching-Karneval. Das Fest der ›Verkehrten Welt‹. Graz/Wien/Köln 1986.

– Lachkultur des Mittelalters? Michail Bachtin und die Folgen seiner Theorie. In: Euphorion 84,1 (1990) S. 89–111.

Musil, Robert: Über die Dummheit. Stuttgart 2014. (Reclams Universal-Bibliothek. 19257.)

Nietzsche, Friedrich: Werke in drei Bänden. Hrsg. von Karl Schlechta. München 1960.

Nietzsche Research Group, Nijmegen (Hrsg.): Nietzsche-Wörterbuch. Bd. 1: Abbreviatur – einfach. Berlin /New York 2004.

Nigellus von Longchamps: Narrenspiegel oder Burnellus, der Esel, der einen längeren Schwanz haben wollt. Leipzig 1982.

Nikolaus von Kues: Idiota de sapientia /Der Laie über die Weisheit. In: N. v. K.: Philosophisch-theologische Schriften. Bd. 3. Hrsg. und eingef. von Leo Gabriel. Übers. und komm. von Dietlind und Wilhelm Dupré. Wien 1967. S. 419–477.

Obscurus: Ueber die Dummköpfe. In: Hannoverisches Magazin. 20. November 1772. – 23. November 1772. – 22. Januar 1773.

Otto, Beatrice K.: Fools are Everywhere. The Court Jester Around the World. Chicago/London 2001.

Pascal, Blaise: Pensées. In: B. P.: Œuvres complètes. Bd. 2. Paris 2000.

Petrus Alfonsi: Die Kunst, vernünftig zu leben. Disciplina clericalis. Zürich/Stuttgart 1970.

Philogelos, der Lachfreund. Mit Einl. und Komm. hrsg. von Andreas Thierfelder. München 1968.

Picht, Georg: Der Sinn der Unterscheidung von Theorie und Praxis in der griechischen Philosophie, in: G. P.: Wahrheit Vernunft Verantwortung, Stuttgart 1969, S. 108–140.

Pinel, Philippe: Philosophisch-medicinische Abhandlung über Geistesverirrungen oder Manie. Wien 1801.

Platon: Apologie des Sokrates. Griech./Dt. Übers. und hrsg. von Manfred Fuhrmann. Stuttgart 1986. (Reclams Universal-Bibliothek. 8315.)

– Theätet. Griech./Dt. Übers. und hrsg. von Ekkehard Martens. Stuttgart 2012. (Reclams Universal-Bibliothek. 6338.)

Plessner, Helmuth: Lachen und Weinen. Eine Untersuchung der Grenzen menschlichen Verhaltens. In: H. P.: Gesammelte Schriften. Bd. 7. Frankfurt a. M. 1982.

Plutarch: Moralia. 2 Bde. Hrsg. von Christian Weise und Manuel Vogel. Übers. von Johannes Christian Felix Bähr. Wiesbaden 2012.

Pope, Alexander: The Dunciad in Four Books. Harlow 1999. – Dt. Übers.: Leipzig 1842.

Projektgruppe Automation und Qualifikation: Widersprüche der Automationsarbeit. Ein Handbuch. Berlin 1987.

Rabelais, François: Gargantua und Pantagruel. 2 Bde. Hrsg., mit Anm. und einem Nachw. vers. von Ludwig Schrader. Textbearb. von Karl Pörnbacher. Aus dem Frz. von Gottlob Regis. München 1964.

Radin, Paul: The Trickster. A Study in American Indian Mythology (with commentaries by Karl Kerényi and C. G. Jung). New York 1956. – Dt. u. d. T.: Der göttliche Schelm. Ein indianischer Mythen-Zyklus. Zürich 1954.

Rütten, Thomas: Demokrit – Lachender Philosoph und sanguinischer Melancholiker. Eine pseudohippokratische Geschichte. Leiden [u. a.] 1992.

Sabrow, Martin: Herr und Hanswurst. Das tragische Schicksal des Hofgelehrten Jacob Paul von Gundling. Stuttgart/München 2001.

Schlegel, Friedrich: Über die Unverständlichkeit. In: F. Sch.: Kritische Schriften. Hrsg. von Wolfdietrich Rasch. München 1964. S. 530–542.

Schneider, Ilse: Das Wort idiota im antiken Latein. In: Untersuchungen ausgewählter altgriechischer sozialer Typenbegriffe und ihr Fortleben in Antike und Mittelalter. Hrsg. von Elisabeth Ch. Welskopf. Berlin 1981. S. 111–131.

Schneider, Johannes: Das Wort idiota im mittelalterlichen Latein, in: E. Ch. Welskopf (Hg.), Untersuchungen ausgewählter altgriechischer sozialer Typenbegriffe und ihr Fortleben in Antike und Mittelalter, Berlin 1981, S. 132–157.

Schneider, Ulrich Johannes: Die Erfindung des allgemeinen Wissens. Enzyklopädisches Schreiben im Zeitalter der Aufklärung. Berlin 2013.

– (Hrsg.): Kulturen des Wissens im 18. Jahrhundert, Berlin / New York 2008.

Schopenhauer, Arthur: Die Welt als Wille und Vorstellung. 2 Bde. Hrsg. von Arthur Hübscher. Zürich 1977.

Schrader, Ludwig: Panurge und Hermes. Zum Ursprung eines Charakters bei Rabelais. Bonn 1958.

Schütz, Alfred: Don Quijote und das Problem der Realität. In: A. Sch.: Theorie der Lebenswelt 1. Konstanz 2003. S. 289–323.

Schurmann, Anna Maria van: Dissertatio de ingenii muliebris ad doctrinam et meliores litteras aptitudine. Abhandlung über die Befähigung des Geistes von Frauen für die Gelehrsamkeit und die höheren Wissenschaften. Würzburg 2009.

Schwermann, Christian: ›Dummheit‹ in altchinesischen Texten. Eine Begriffsgeschichte. Wiesbaden 2011.

Scribner, Bob: Reformation, Karneval und die ›verkehrte Welt‹. In: Volkskultur. Hrsg. von Richard van Dülmen und Norbert Schindler. Frankfurt a. M. 1984. S. 117–152.

Seneca, L. Annaeus: Ad Lucilium epistulae morales / An Lucilius Briefe über Ethik. In: L. A. S.: Philosophische Schriften. Lat./Dt. Übers., eingel. und mit Anm. vers. von Manfred Rosenbach. Bd. 3. Darmstadt 1974. – Bd. 4. Ebd. 1987.

– De vita beata / Über das glückliche Leben. In: L. A. S.: Philosophische Schriften. Lat./Dt. Übers., eingel. und mit Anm. vers. von Manfred Rosenbach. Bd. 2. Darmstadt 1971.

– De brevitate vitae / Von der Kürze des Lebens. Lat./Dt. Übers. und hrsg. von Marion Giebel. Stuttgart 2008. (Reclams Universal-Bibliothek. 18545.)

Shakespeare, William: König Lear. Engl./Dt. In der Übers. von Schlegel und Tieck hrsg. von Levin Ludwig Schücking. Reinbek b. Hamburg 1960.

– Twelfth Night / Was ihr wollt. Engl./Dt. Übers. und hrsg. von Norbert H. Platz. Stuttgart 1993. (Reclams Universal-Bibliothek. 9838.)

Sima Qian: Records of the Grand Historian. Shiji 126: The Biographies of Wits and Humorists. Hong Kong / New York 1993.

Simon, Marie: Idiot von idiotes. In: Das Fortleben altgriechischer sozialer Typenbegriffe in der deutschen Sprache. Hrsg. von Elisabeth Ch. Welskopf. Berlin 1981. S. 291–306.

Smith, Adam: Eine Untersuchung über das Wesen und die Ursachen des Reichtums der Nationen. Übers. und hrsg. von Peter Thal. 3 Bde. Berlin 1975–84.

Sokal, Alan / Bricmont, Jean: Die Grenzen überschreiten. Auf dem Weg zu einer transformativen Hermenentik der Quantengravitation. In: A. K. / J. B.: Eleganter Unsinn. München 1999. S. 262–344.

Spelta, Antonio Maria: Sapiens stultitia. Die kluge Narrheit. Ein Brunn deß Wollustes: Ein Mutter der Frewden. Ein Herrscherin aller guten Humoren, Straßburg 1615.

Stanitzek, Georg: Blödigkeit. Beschreibungen des Individuums im 18. Jahrhundert. Tübingen 1989.

Starobinski, Jean: Diderots Satire *Rameaus Neffe*. In: J. St.: Das Rettende in der Gefahr. Kunstgriffe der Aufklärung. Frankfurt a. M. 1990. S. 266–317.

Stoessel, Marleen: Lob des Lachens. Eine Schelmengeschichte des Humors. Frankfurt a. M. / Leipzig 2008.

Swain, Barbara: Fool and Folly During the Middle Ages and the Renaissance. New York 1932.

Tabori, Paul: The Natural Science of Stupidity. London 1962.

Tertullian: Apologeticum /Verteidigung des Christentums. Lat./Dt. [Hrsg., übers. und erl. von Carl Becker.] München ³1984.

– De spectaculis / Über die Spiele. Lat./Dt. Übers. und hrsg. von Karl-Wilhelm Weeber. Bibliogr. erg. Ausg. Stuttgart 2002. (Reclams Universal-Bibliothek. 8477.)

Theophrast: Charaktere. Griech./Dt. Übers. und hrsg. von Dietrich Klose. Mit einem Nachw. von Peter Steinmetz. Bibliogr. erg. Ausg. Stuttgart 2000. (Reclams Universal-Bibliothek. 619.)

Thomas von Aquin: Summa Theologica. [Bislang 34 Bde.]. Heidelberg [u. a.]. 1933 ff.

Thomasius, Christian: Kurtzer Entwurff der Politischen Klugheit […]. Franckfurt/Leipzig 1710. – Nachdr. Frankfurt a. M. 1971.

Tieck, Ludwig: Die verkehrte Welt. Ein historisches Schauspiel in fünf Aufzügen. Hrsg. von Karl Pestalozzi. Berlin 1964.

Trier, Jost: Der deutsche Wortschatz im Sinnbezirk des Verstandes. Von den Anfängen bis zum Beginn des 13. Jahrhunderts. Heidelberg 1973.

Turner, Victor: Das Ritual. Struktur und Anti-Struktur. Frankfurt a. M. / New York 1989.

Velten, Hans Rudolf: Narrenbischöfe und Narrenkönige in den mittelalterlichen Klerikerfesten (1200–1500). In: Investitur- und Krönungsrituale. Hrsg. von Marion Steinicke und Stefan Weinfurter. Köln/Weimar/Wien 2005. S. 201–221.

Vergil: Aeneis. Lat./Dt. In Zsarb. mit Maria Götte hrsg. und übers. von Johannes Götte. 2., neubearb. Aufl. München 1965.

Walter Map: De nugis curialium. Courtiers' Trifles. Oxford 1983.

Weber, Karl Julius: Demokritos oder hinterlassene Papiere eines lachenden Philosophen. 12 Bde. Leipzig [o. J.].

Welsford, Enid: The Fool. His Social and Literary History. London 1935.

Wieland, Christoph Martin: Geschichte der Abderiten. Darmstadt 1964. (Ausgewählte Werke in 3 Bänden. Bd. 2.)

Wolfram von Eschenbach: Parzival. Mhd./Nhd. 2 Bde. Übers. und Nachw. von Wolfgang Spiewok. Stuttgart 1981. (Reclams Universal-Bibliothek. 3681/3682.)

Xenophon: Das Gastmahl. Übers., Nachw. und Bibliogr. von Georg Peter Landmann. Hamburg 1957.

Xu, Weihe: The Classical Confucian Concepts of Human Emotion and Proper Humour. In: Humour in Chinese Life and Letters. Hrsg. von Jocelyn Chey, Jessica Milner Davis. Hong Kong 2011. S. 49–71.

Zedler, Johann Heinrich (Hrsg.): Grosses vollständiges Universal-Lexikon Aller Wissenschaften und Künste. 68 Bde. Halle/Leipzig 1732–54. – Nachdr. Graz 1961/62.

Ziegler, Christiane Mariane von: Vermischete Schriften in gebundener und ungebundener Rede. Göttingen 1739.

Zijderveld, Anton C.: Humor und Gesellschaft. Eine Soziologie des Humors und des Lachens. Graz/Wien/Köln 1976.

Zimmermann, Johann Georg: Zerstreute Blätter vermischten Inhalts. Leipzig 1799.

– Vortheile der Dummheit in dem menschlichen Leben. Niedersächsische Landesbibliothek Hannover. Handschriften-Abt. MS XLII, 1933: B20.

Namenregister